Bethan James a Heather Stuart

BEI[illegible]
GWEITHGARED[illegible]
BYWYD IESU

STORÏAU, POSAU A GWEITHGAREDDAU

CYNNWYS

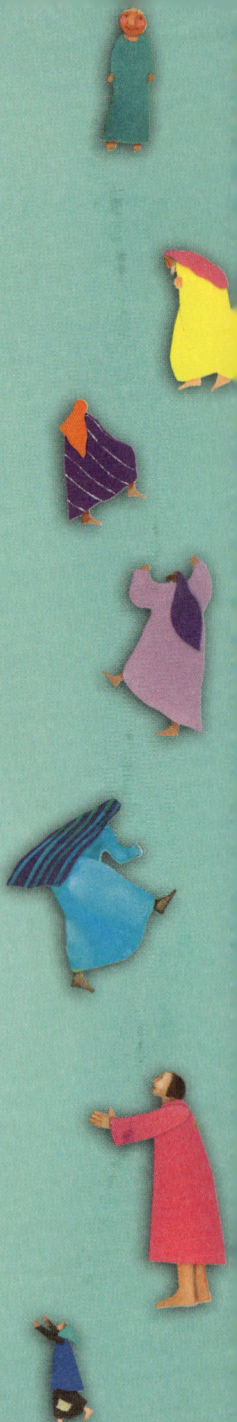

GWYRTH YN Y DEML

Yn y deml yn ninas fawr Jerwsalem, roedd dyn o'r enw Sachareias yn offeiriad. Roedd e a'i wraig Elisabeth wedi bod yn gweddïo am amser maith oherwydd eu bod nhw'n awyddus iawn i gael babi.

Un diwrnod, pan oedd Sachareias yn llosgi arogldarth yn y deml, gwelodd angel.

'Mae Duw wedi ateb eich gweddïau,' meddai'r angel. 'Bydd Elisabeth yn cael babi bach, a'i enw fydd Ioan. Pan fydd e'n

ddyn, bydd yn helpu pobl i baratoi ar gyfer genedigaeth Iesu.'

Cafodd Sachareias gymaint o sioc wrth glywed geiriau'r angel nes colli'i lais yn llwyr. Doedd e ddim yn gallu dweud wrth neb beth welodd e! Ond, yn fuan iawn, sylweddolodd Elisabeth ei bod hi'n disgwyl babi . . .

COLLI A CHAEL

1 Beth gollodd yr offeiriad?

2 Beth gafodd gwraig yr offeiriad?

SAWL ENW?

Sawl enw fedrwch chi ddod o hyd iddyn nhw yn y chwilair?

E	M	P	E	D	R	W	C
F	N	A	S	I	O	A	N
A	E	U	R	M	M	T	L
S	N	L	U	C	E	H	S

ENW'R BABI

Beth oedd enw babi Elisabeth?

PA DEML?

Pa deml yn y lluniau isod sydd yr un fath yn union â'r deml ar y dudalen gyferbyn?

A

B

C

MAIR A'R ANGEL

Roedd gan Elisabeth berthynas o'r enw Mair. Roedd hi'n byw ym mhentref Nasareth, lle'r oedd y tywydd yn boeth a heulog.

Un diwrnod daeth yr un angel, sef Gabriel, i weld Mair.

'Paid ag ofni,' meddai wrthi. 'Mae gen i neges i ti oddi wrth Dduw. Rwyt ti'n mynd i gael babi bach. Iesu fydd ei enw, ac ef fydd Mab Duw.'

Roedd Mair yn methu credu'r peth! Er ei bod hi'n caru Duw, roedd hi'n gwybod bod yn rhaid iddi gael gŵr cyn gallu cael babi – a doedd Mair ddim yn briod eto.

'Does dim byd yn amhosibl i Dduw, Mair,' meddai'r angel. 'Bydd y babi arbennig hwn yn fab i Dduw.'

POS

Ysgrifennwch rif bob darn o'r jig-so yn y blwch nesaf at y fan lle mae'n ffitio yn y darlun.

E
F
Ff
G
2
3
4
5
6
7
8
9
10

MAIR AC ELISABETH

Roedd Mair wrth ei bodd fod Duw wedi ei dewis hi i fod yn fam i'w blentyn. Pan sylweddolodd ei bod yn disgwyl babi, roedd hi ar dân am gael dweud wrth rywun, felly aeth i weld Elisabeth.

Wrth i Elisabeth roi cwtsh i Mair i'w chroesawu, teimlodd Mair y babi y tu mewn iddi'n neidio mewn llawenydd! Roedd Elisabeth yn gwybod ar unwaith bod rhywbeth anhygoel wedi digwydd. 'Rwyt tithau'n disgwyl babi hefyd, on'd wyt ti?' meddai.

'Rydw i mor hapus,' meddai Mair. 'Mae Duw wedi fy mendithio! Mae e wedi dewis merch gyffredin fel fi i wneud rhywbeth gwych a phwysig!'

Arhosodd Mair gydag Elisabeth am dri mis.

PA FFORDD?

Pa un ydy'r ffordd fyrraf at gartref Elisabeth? Rhowch y llythyren gywir yn y blwch.

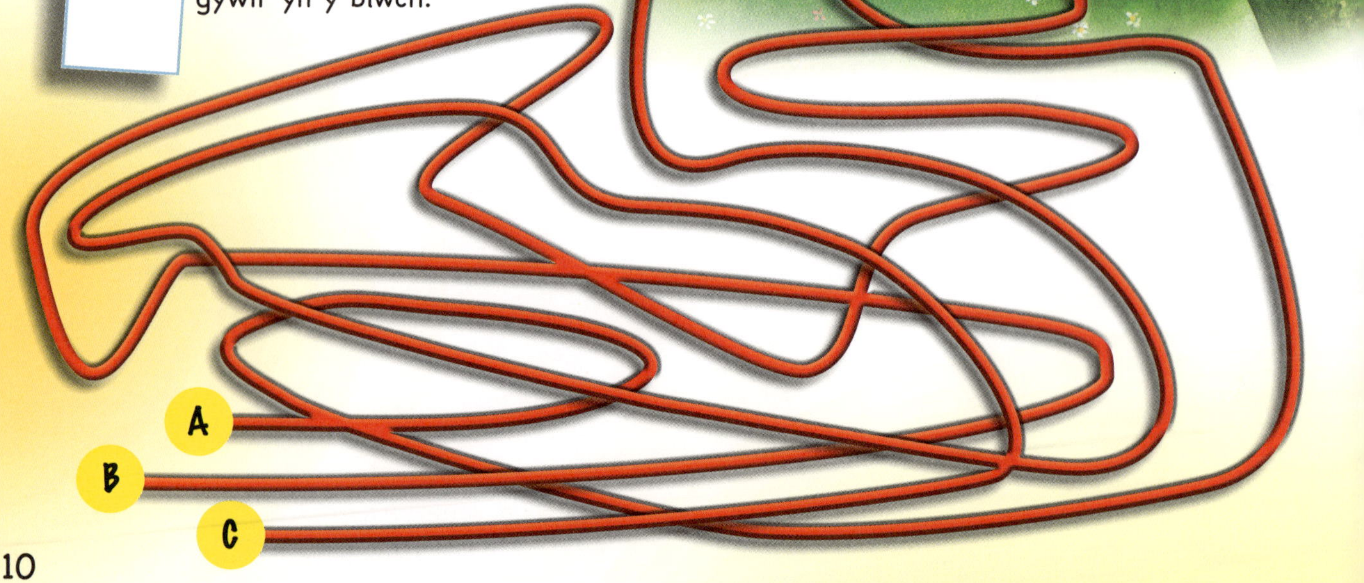

CYSYLLTU DAU

Tynnwch linell rhwng pob un o'r dynion isod i'w gysylltu â'r gwrthrych cywir.

SWYDDI

Beth ydy gwaith pob un o'r dynion yn y pos uchod? Ysgrifennwch yr atebion yn y blychau.

1 B ___ ___ ___ ___ ___

3 B ___ ___ ___ ___ ___

2 M ___ ___ ___ ___

4 O ___ ___ ___ ___ ___ ___ ___

BREUDDWYD JOSEFF

Roedd teulu Mair wedi addo y byddai, rhyw ddiwrnod, yn cael priodi Joseff y saer. Nawr, gan ei bod yn disgwyl babi, roedd yn rhaid i Mair ddweud wrth Joseff am yr angel – ac am ei neges bwysig. Beth, tybed, fyddai ymateb Joseff?

Dyn da, caredig, oedd Joseff. Roedd e'n poeni y byddai pobl yn dweud pethau cas petai Mair yn cael babi cyn iddyn nhw briodi. Sut gallai e ei helpu?

Un noson, cafodd Joseff freuddwyd.

'Does dim rhaid i ti boeni, Joseff,' meddai angel wrtho. 'Y babi hwn fydd y person mae Duw wedi addo ei anfon i achub ei bobl. Bydd ar Mair angen dy help di. Prioda hi, ac edrych ar ei hôl hi a'r un bach.'

Felly priodwyd Joseff a Mair.

CYSGODION

Tynnwch linell i gysylltu'r pum breuddwydiwr isod gyda'u cysgodion.

GWELD Y GWAHANIAETH

Rhowch gylch o gwmpas y pum peth sy'n wahanol rhwng y ddau lun yma.

CWSG

Wyddech chi fod rhai anifeiliaid, fel gwartheg a cheffylau, ag angen dim ond rhyw dair awr o gwsg bob nos? Sawl awr o gwsg oedd ar Joseff ei angen bob nos?

Y CYFRIFIAD RHUFEINIG

Roedd Cesar Awgwstws – yr Ymherodr Rhufeinig – yn llywodraethu dros nifer o wledydd. Rhan fechan iawn o'i ymerodraeth oedd y dref lle'r oedd Mair a Joseff yn byw.

Nawr, roedd Cesar yn awyddus i gyfri ei holl bobl. Doedd ganddo ddim syniad fod babi Mair ar fin cael ei eni. A hyd yn oed petai e wedi gwybod, fyddai ganddo ddim diddordeb.

'Ewch i'r dref lle'r oedd eich hynafiaid yn byw,' meddai. 'Rydw i am eich cyfri chi i gyd er mwyn gwybod faint o arian y galla i ei gasglu mewn trethi!'

Doedd neb yn awyddus i dalu trethi i'r Rhufeiniaid – ond doedd dim dewis.

'Dydw i ddim eisiau teithio'n bell o Nasareth,' cwynodd Mair. 'Byddai'n well gen i petai'r babi'n cael ei eni yma, yn fy nghartref fy hun.' Ond helpodd Joseff hi i bacio ar gyfer y daith i Fethlehem, lle'r oedd y Brenin Dafydd – un o gyndeidiau Joseff – yn byw ers talwm. 'Fe awn ni ag ychydig o bethau ar gyfer y babi,' meddai wrth Mair, 'rhag ofn iddo gael ei eni yno.'

GWELD Y GWAHANIAETH

Rhowch gylch o amgylch y pum peth sy'n wahanol rhwng y ddau filwr Rhufeinig yma.

LLYTHRENNAU COLL

Pa lythyren sydd ar goll o'r enwau isod? Efallai y bydd yr un llythyren ar goll fwy nag unwaith o'r un gair.

1 BTHLHM

2 NSRETH

3 JOSE

4 MIR

5 CEAR

SAWL UN?

Edrychwch ar y bobl yn y llun uchod ac ateb y cwestiynau.

a Sawl person sy'n gwisgo dillad gwyrdd?

b Sawl person sy'n gwisgo dillad melyn?

c Sawl un sy'n cerdded?

ch Sawl anifail sydd yna?

DIM LLE YN Y LLETY

Teithiodd Mair a Joseff i Fethlehem yng nghwmni llawer o bobl eraill.

Pan gyrhaeddon nhw, roedd y lle'n ferw gwyllt a phawb yn chwilio am le i aros. Roedd llawer o filwyr yno'n paratoi ar gyfer y cyfrifiad, a'r strydoedd yn llawn o bobl oedd wedi dod i gael eu cyfri. Roedd hi fel ffair yno!

Ond doedd yna ddim lle o gwbl ar gyfer Mair a Joseff.

'Fe gewch chi orffwys yn fy stabl i,' meddai perchennog caredig un gwesty.

'O, diolch yn fawr,' meddai Mair. Roedd hi'n flinedig iawn, ac yn barod i orwedd i lawr. Doedd hi'n poeni dim am y gwellt ar y llawr, nac am arogl yr anifeiliaid.

GWELD Y GWAHANIAETH

Rhowch gylch o amgylch chwe pheth sy'n wahanol rhwng y ddau lun isod.

CYWIR NEU ANGHYWIR?

Os ydy'r frawddeg yn gywir, ticiwch y blwch; os ydy hi'n anghywir, rhowch groes yn y blwch.

- [ ] 1 Mair a Joseff oedd yr unig rai oedd yn teithio.
- [ ] 2 Roedd yna filwyr Rhufeinig ym Methlehem.
- [ ] 3 Tref dawel iawn oedd Bethlehem.
- [ ] 4 Doedd yna ddim lle yn y llety.
- [ ] 5 Gwrthododd Mair aros yn y stabl.

AWYR LLAWN SÊR

CYFATEB Y SIAPIAU

Pa un o'r siapiau isod sydd yr un fath yn union â siâp y preseb yn y llun mawr?

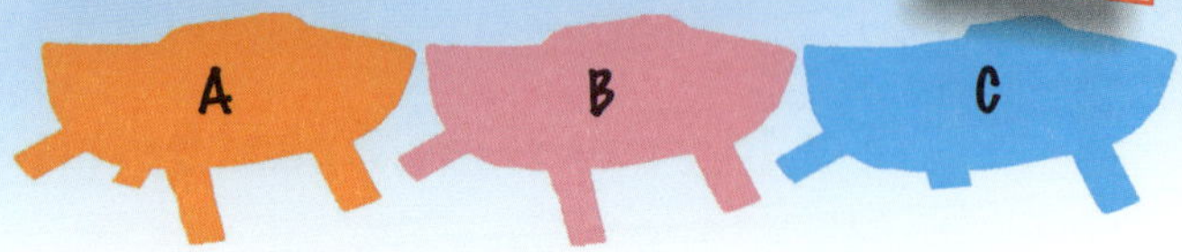

Pa un o'r siapiau isod sydd yr un fath yn union â siâp yr asyn yn y llun mawr?

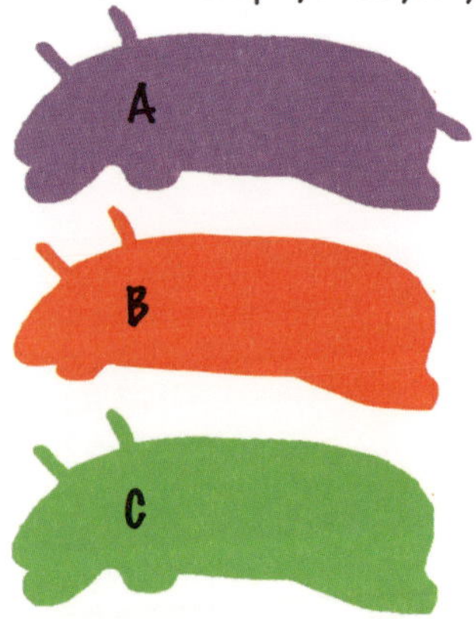

Y noson honno, a'r sêr yn disgleirio yn yr awyr, llanwyd y stabl â chri babi bach newydd-anedig.

'Rydw i am dy alw di'n Iesu,' meddai Mair wrtho, 'yn union fel y dywedodd yr angel.' Lapiodd yr un bach mewn cadachau meddal, a'i osod mewn gwely clyd o wair ym mhreseb yr anifeiliaid.

Roedd e fel pob babi arall – yn crio, ac yn cael ei fwydo a'i gwtsio gan ei fam. Ond roedd e hefyd yn wahanol i bob babi arall – hwn oedd Iesu, unig fab Duw.

Syllodd Mair yn gariadus ar ei babi wrth iddo ef, fel yr anifeiliaid o'i gwmpas, gysgu'n drwm. Gwenodd ar Joseff, yn methu'n lân â chredu bod Iesu – y wyrth arbennig – wedi cyrraedd o'r diwedd.

ADNABOD YR ENWAU

Chwiliwch yn y grid am yr atebion i'r cwestiynau isod.

S	M	J	O	S	E	FF	U
I	A	D	U	F	S	M	P
M	T	P	B	R	L	A	O
E	T	L	I	E	S	U	H
Y	U	P	T	D	G	L	W

1 Beth oedd enw mab Mair?

2 Beth oedd enw gŵr Mair?

BUGEILIAID AR Y MYNYDD

Y noson honno, roedd yna fugeiliaid ar lethrau'r mynyddoedd, yn gofalu am eu defaid. O'u cwmpas roedd sŵn yr anifeiliaid yn snwffian, a brigau'r tân agored yn clecian. Yna, yn sydyn . . . roedd golau llachar o'u cwmpas ym mhobman!

'Mae'r awyr yn llawn o angylion!' llefodd y bugeiliaid.

'Peidiwch ag ofni,' meddai un angel. 'Mae gen i rywbeth gwych i'w ddweud wrthoch chi! Mae Iesu – unig fab Duw – wedi'i eni ym Methlehem. Ewch i chwilio amdano. Mae e'n gorwedd ar wely o wair.'

'Gogoniant i Dduw!' canodd yr angylion. 'Heddwch i bawb ar y ddaear.'

CERDYN NADOLIG

1 Gyda phensel, tynnwch linell o amgylch siâp yr angel.

2 Torrwch siapiau allan o gerdyn lliwgar.

3 Gludwch y darnau ar eich cerdyn Nadolig.

4 Ychwanegwch ragor o addurniadau.

5 Gallech ddefnyddio gwlân neu linyn i roi gwallt i'r angel.

6 Ysgrifennwch eich neges Nadolig ar y cerdyn.

GWIR NEU GAU?

Os ydy'r ateb yn gywir, ticiwch y blwch; os ydy e'n anghywir, rhowch groes yn y blwch.

1 Roedd y bugeiliaid yn gofalu am eu ceffylau.

2 Cafodd mab Duw ei eni ym Methlehem.

3 'Fe ddylech chi deimlo'n ofnus iawn!' meddai'r angel.

4 Roedd Iesu'n gorwedd ar wely o wair.

Y BABI YN Y PRESEB

Syllodd y bugeiliaid ar ei gilydd mewn syndod. Oedden nhw wir wedi gweld yr angel? Oedden nhw wir wedi clywed y neges anhygoel?

'Rhaid i ni fynd i weld droson ni'n hunain!' medden nhw. Brysiodd y bugeiliaid i Fethlehem a dyna lle'r oedd e – mab Duw, yn gorwedd yn y preseb, gyda Mair ei fam.

A phwy oedd y cyntaf i glywed yr hanes? Pwy oedd y cyntaf i weld y baban Iesu? Y nhw, wrth gwrs – y bugeiliaid tlawd. Dyna ryfeddod!

Dywedodd y bugeiliaid wrth Mair a Joseff am yr hyn roedd yr angylion wedi'i ddweud. Yna aethon nhw'n ôl at eu defaid, gan foliannu Duw oherwydd bod ei Fab wedi'i eni – ac roedden nhw wedi'i weld!

DATRYS Y COD

Defnyddiwch y cod isod i gwblhau'r tair neges ar y dudalen gyferbyn.

+ = a   * = e   ^ = i   # = o $ = u

Brys^#dd y b÷g*^l^+^d ^ F*thl*h*m.

1

R#*dd y b+b^ yn g#rw*dd yn y pr*s*b.

2

Y b÷g*^l^+^d #*dd y cynt+f ^ w*ld ^*s÷.

3

SIMEON YN CWRDD Â IESU

Ers talwm, roedd pobl yn arfer cynnal gwasanaeth o ddiolch pan oedd babi bach yn ychydig wythnosau oed. Felly, aeth Mair a Joseff â Iesu i'r deml i ddiolch i Dduw amdano. Roedd Joseff wedi dod â dwy golomen fel anrheg i ddweud 'diolch'.

Wrth iddyn nhw gyrraedd y deml, daeth dyn o'r enw Simeon atyn nhw. Roedd Simeon wedi bod yn aros am amser hir iawn i weld y Gwaredwr roedd Duw wedi'i addo. O'r diwedd, roedd y diwrnod hwnnw wedi dod.

'Nawr galla i farw'n dawel,' gweddïodd Simeon, 'oherwydd rydw i wedi gweld Iesu, y plentyn fydd yn achub ei bobl ac yn dangos pa mor fawr ydy Duw.'

CYSYLLTU

Tynnwch linell i gysylltu pob blwch melyn gyda'r blwch pinc cywir.

a Roedd MAIR...

b Roedd JOSEFF...

c Roedd SIMEON...

ch Roedd IESU...

1 wedi dod â dwy golomen fel anrheg i ddweud 'diolch'.

2 wedi bod yn aros i weld y Gwaredwr roedd Duw wedi'i addo.

3 yn ychydig wythnosau oed.

4 wedi mynd i'r deml gyda'i gŵr.

1

Nawr galla i

....

oherwydd rydw i wedi gweld

....

2

Y GEIRIAU COLL

Beth ddywedodd Simeon?
Cwblhewch y brawddegau
â'r geiriau coll.

y plentyn fydd yn

....

ei bobl ac yn dangos pa mor

fawr ydy Duw.

3

SEREN DDISGLAIR

Roedd awyr y nos yn llawn o sêr disglair. Ond, y noson honno, roedd yno un seren arbennig – un newydd sbon.

Ymhell i ffwrdd yn y Dwyrain, roedd tri gŵr doeth yn astudio'r awyr. Edrychon nhw ar eu siartiau a thrafod y seren. 'Beth ydy ei hystyr, tybed?' medden nhw.

'Mae brenin newydd wedi'i eni,' cynigiodd un.

'Brenin yr Israeliaid,' cynigiodd un arall.

'Rhaid i ni fynd i'w groesawu a'i addoli,' cytunodd y tri.

Felly i ffwrdd â nhw, gan gario anrhegion arbennig yn eu cistiau hardd. Roedd hi'n daith bell, bell, ar gefn camelod. Aethon nhw tua'r Gorllewin, gan ddilyn y seren.

CWIS

1 O ble daeth y tri gŵr doeth?

2 Sut roedden nhw'n teithio?

3 Beth welson nhw yn yr awyr?

4 Pwy, yn eu barn nhw, oedd wedi'i eni?

GWELD Y GWAHANIAETH

Rhowch gylch o gwmpas pedwar peth sy'n wahanol rhwng y ddau lun.

Y BRENIN YN Y PALAS

O'r diwedd, cyrhaeddodd y tri gŵr doeth gyrion dinas Jerwsalem. 'Bydd brenin yn siŵr o gael ei eni mewn palas,' medden nhw, 'felly fe awn ni i weld y Brenin Herod.'

'Twt lol!' meddai'r Brenin Herod. 'Does dim babi yma, a fi ydy'r unig frenin yn y ddinas hon. Ble glywsoch chi'r fath ddwli?'

Disgrifiodd y tri gŵr doeth y seren newydd ddisglair, a beth yn eu barn nhw oedd ei hystyr. 'Hmm,' meddai'r Brenin Herod, 'rhaid i mi ofyn i'm swyddogion am gyngor.'

Ar ôl astudio'u sgroliau, dywedodd un swyddog yn nerfus, 'Bethlehem, eich Mawrhydi . . . dyna ble fydd y brenin newydd a addawyd gan Dduw yn cael ei eni.'

'Cofiwch alw yma ar eich ffordd adref,' meddai Herod yn gyfrwys. 'Yna gallaf innau hefyd fynd i'w addoli.'

EIDDO'R BRENIN

Aildrefnwch y llythrennau isod i ddod o hyd i dri pheth sy'n eiddo i'r Brenin.

1 GRODdES

2 LASPA

3 NOROC

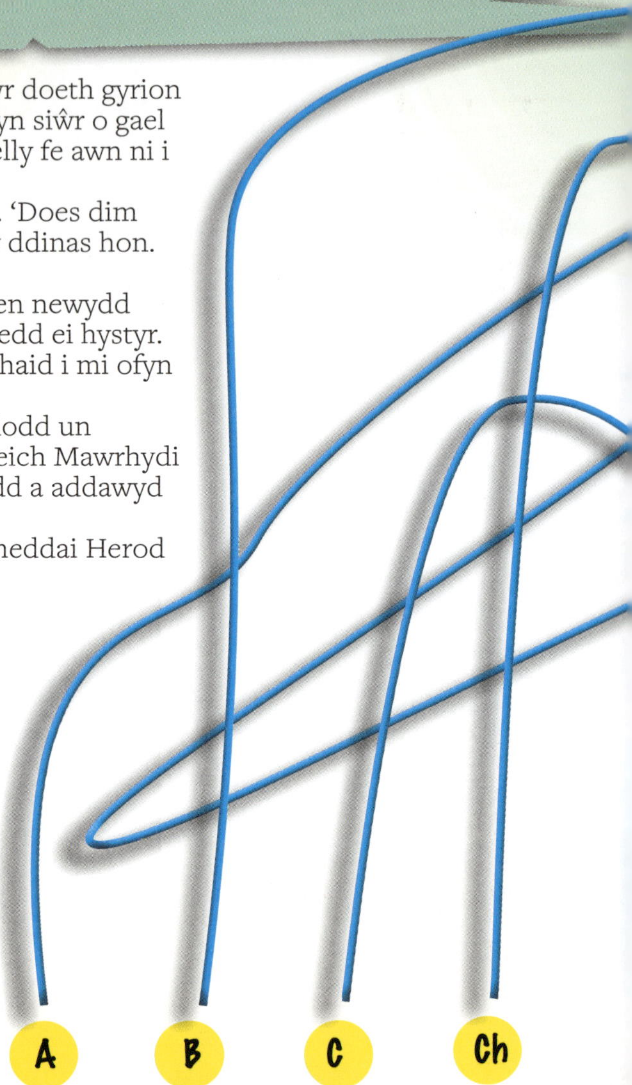

PA FFORDD?

Pa ffordd sy'n arwain i Fethlehem?

LLUNIO CORON

Fedrwch chi lunio coron trwy ymuno'r deuddeg dot â deuddeg llinell syth?

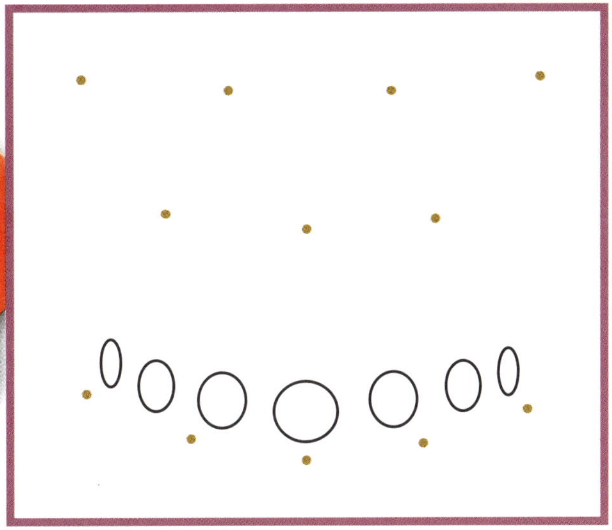

Y TRI GŴR DOETH

Roedd y tri gŵr doeth o'r dwyrain yn falch o adael palas Herod. Dechreuon nhw ddilyn y seren unwaith eto i gyfeiriad y de, tuag at Fethlehem.

'Do'n i ddim yn hoffi'r Brenin Herod,' meddai un ohonyn nhw.

'Do'n i ddim yn credu 'run gair roedd e'n ei ddweud,' meddai un arall.

O'r diwedd, cyrhaeddon nhw gyrion Bethlehem, a cherdded trwy ganol y dref. Yn sydyn, arhosodd y seren yn llonydd uwchben tŷ bychan, tlawd. Disgynnodd y tri gŵr doeth oddi ar eu camelod a mentro i mewn drwy'r drws.

Yno roedd Mair, gyda'i babi bach. Cafodd y gwŷr doeth groeso cynnes, a rhoddodd y tri anrhegion gwerthfawr iddi – aur, thus a myrr. Yna, plygodd y tri o flaen y preseb ac addoli Iesu – brenin newydd-anedig yr Iddewon.

PA FFORDD?

Daeth y tri gŵr doeth o'r dwyrain, gan deithio i'r gorllewin i ddechrau, ac yna i'r de. Os ydy'r gogledd ar y brig, fedrwch chi ddangos pa ffordd mae'r dwyrain, y gorllewin a'r de? Ysgrifennwch eich atebion yn y blychau isod.

GOGLEDD

1

2

3

BREUDDWYD CAS

Roedd y tri gŵr doeth yn bwriadu teithio adref drwy ddinas Jerwsalem. Ond wrth iddyn nhw orffwyso cyn cychwyn, cafodd y tri freuddwyd.

Breuddwydiodd y tri y dylen nhw fynd adref ar hyd ffordd arall. Breuddwydiodd y tri na ddylen nhw ddweud gair wrth y Brenin Herod eu bod wedi dod o hyd i'r brenin newydd. Breuddwydion nhw fod Herod yn bwriadu gwneud niwed i'r un bach . . .

Y bore wedyn, neidiodd y tri ar gefn eu camelod a theithio tua'r dwyrain, gan gadw'n ddigon pell o Jerwsalem.

Er i'r Brenin Herod aros am amser hir, welodd e ddim golwg o'r tri gŵr doeth. Gwylltiodd yn ofnadwy wrth sylweddoli eu bod wedi chwarae tric arno.

1 Y .... oedd yn gofalu am eu defaid.

2 Daeth y tri gŵr doeth o'r ....

3 Y Brenin .... oedd yn byw yn Jerwsalem.

4 Roedd Mair yn teithio gyda ....

5 Rhoddodd Mair y baban Iesu yn y ......

LLENWI BYLCHAU

Ym mhob blwch melyn mae yna frawddeg sydd â gair ar goll.
Mae'r geiriau coll yn y blychau glas.
Cwblhewch bob brawddeg â'r gair cywir.

6 Roedd Mair wedi cael ....

7 Trefnodd Ymherodr Rhufain i gael ....

8 Roedd yr awyr yn llawn o ......

9 Penderfynodd y tri gŵr doeth ddilyn y ....

- HEROD
- ANGYLION
- BABI
- JOSEFF
- DWYRAIN
- PRESEB
- BUGEILIAID
- CYFRIFIAD
- SEREN

FFOI I'R AIFFT

Nid y tri gŵr doeth oedd yr unig rai i freuddwydio am y Brenin Herod.

Y noson honno, roedd Joseff hefyd yn cael ei boeni gan freuddwydion cas. Breuddwydiodd fod angel wedi dweud wrtho am fynd â'i deulu i'r Aifft. 'Fydd y Brenin Herod ddim yn rhoi'r ffidil yn y to nes dod o hyd i'r brenin bach a'i ladd,' meddai'r angel. 'Mae'n benderfynol mai e fydd yr unig frenin yn y wlad.'

Aeth Joseff i ddeffro Mair, a chasglodd y ddau eu hychydig eiddo at ei gilydd. Yna, yn nhywyllwch y nos, ffodd Mair, Joseff a'r baban Iesu i le diogel.

PWY FREUDDWYDIODD BETH?

Tynnwch linell yn cysylltu pob blwch pinc gyda'r blwch gwyrdd cywir.

a Breuddwydiodd Elisabeth

b Breuddwydiodd Joseff

c Breuddwydiodd Simeon

ch Breuddwydiodd y tri gŵr doeth

1 y dylen nhw fynd adref ar hyd ffordd arall.

2 y byddai hi'n cael babi un diwrnod.

3 y dylai e briodi Mair

4 y byddai, un diwrnod, yn gweld Iesu.

BETH SYDD AR GOLL?

Edrychwch yn ofalus ar y lluniau isod.Mae yna chwe pheth ar goll yn y llun bychan sydd i'w gweld yn y llun mawr. Chwiliwch amdanynt a rhowch gylch o'u cwmpas.

ALLTUDION YN YR AIFFT

Bu Mair a Joseff yn byw yn yr Aifft am sbel. Roedd rhai o'u cyndeidiau hefyd wedi byw yno flynyddoedd maith yn ôl.

Cofiodd y ddau fod Abraham a Sara wedi byw yn yr Aifft pan oedd newyn mawr yng ngwlad Canaan, a bod Joseff – hoff fab Jacob – wedi cael ei orfodi i fynd yno fel caethwas. Cofiodd y ddau fod Moses wedi arwain pobl Dduw allan o'r Aifft, a'u bod yn dathlu eu rhyddid bob blwyddyn yng Ngwledd y Pasg Iddewig.

Beth amser wedyn, cafodd Joseff freuddwyd arall. Y tro hwn, dywedodd yr angel wrtho ei bod bellach yn ddiogel iddyn nhw fynd yn ôl i wlad Israel – roedd y Brenin Herod wedi marw.

I BLE'R AETH PAWB?

Nodwch yr ateb cywir – a, b neu c – ym mhob blwch.

1 Aeth Abraham a Sara i'r Aifft

☐

A ar wyliau
B i ddianc rhag newyn
C i weld y pyramidiau

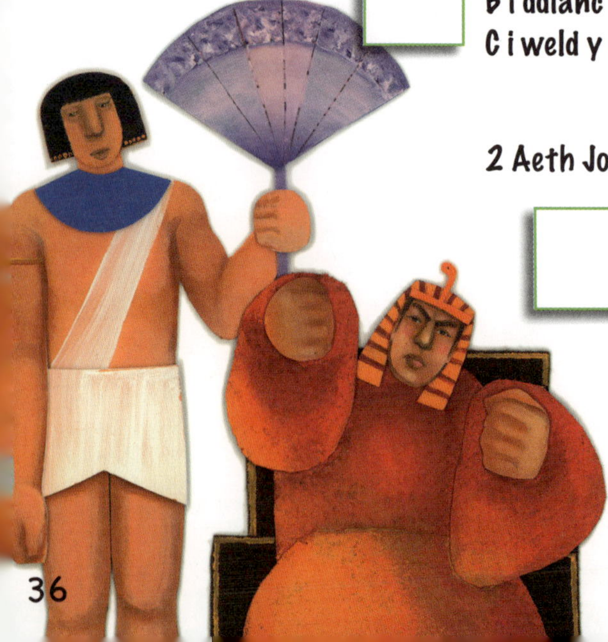

2 Aeth Joseff i'r Aifft

☐

A fel ymwelydd
B i chwilio am swydd newydd
C fel caethwas

3 Aeth Moses i'r Aifft

☐

A i chwilio am fwyd
B i arwain pobl Dduw o gaethwasiaeth
C i ddianc rhag y plâu

RHOI PENNAWD I'R LLUNIAU

Cwblhewch y penawdau isod trwy roi'r enw cywir ym mhob bwlch.

1 Roedd .... wedi arwain pobl Dduw allan o'r Aifft.

2 Dywedodd angel wrth .... y byddai'n cael gadael yr Aifft.

3 Daeth ...., hoff fab Jacob, yn ddyn pwysig iawn yn yr Aifft.

4 Roedd .... yn byw yn yr Aifft adeg y newyn mawr.

YMGARTREFU YN NASARETH

Penderfynodd Mair a Joseff y bydden nhw, a Iesu, yn gadael yr Aifft a theithio tua'r gogledd eto. Ond pan glywson nhw mai mab Herod oedd yn llywodraethu yno, aethant ymhellach fyth i'r gogledd gan ddewis byw yn Nasareth, Galilea. Yn y fan honno, yn ddigon pell o Jerwsalem, roedden nhw'n gallu byw bywyd tawel.

Yn Nasareth, cafodd Iesu ei fagu yn yr un ffordd yn union â'r bechgyn eraill. Bu'n gwylio'i dad yn trin offer saer coed, a dysgodd yntau yr un grefft â Joseff.

Roedd Mair yn hapus ei byd. Am sbel, anghofiodd y cyfan am y dieithriaid oedd wedi dod i'w gweld pan oedden nhw ym Methlehem.

PA FFORDD?

Tynnwch linell drwy'r ddrysfa er mwyn dangos i Joseff, Mair a Iesu pa un yw'r ffordd gywir i'w dilyn.

COLLI A CHAEL

Pan oedd Iesu'n deuddeg oed, teithiodd Mair a Joseff ac yntau gyda chriw o'u ffrindiau i Jerwsalem ar gyfer Gŵyl y Bara Croyw. Roedden nhw'n mwynhau'r dathliadau bob blwyddyn, a'r gwyliau'n newid o'u bywyd tawel arferol.

'Ble mae Iesu?' gofynnodd Mair i Joseff pan oedden nhw ar eu ffordd adref.

'Y tro diwethaf y gwelais i e, roedd e'n chwarae gyda'r bechgyn eraill,' atebodd Joseff.

Dechreuodd y ddau chwilio amdano – ond doedd dim golwg o Iesu yn unman. Yn llawn pryder, brysiodd Mair a Joseff yn ôl i Jerwsalem. Yno, treulion nhw dri diwrnod yn chwilio ym mhob twll a chornel. O'r diwedd, daethon nhw o hyd iddo yn y deml.

'Dy fab di ydy hwn?' gofynnodd un o'r athrawon i Mair. 'Rwyt ti wedi ei ddysgu'n dda – mae e'n gwybod mwy na ni!'

'Er ein bod ni wrth ein bodd dy fod ti'n ddiogel,' meddai Mair wrth Iesu, 'roedden ni'n poeni'n arw amdanat ti.'

'Ond roedd yn rhaid i mi fod yn nhŷ fy Nhad,' atebodd Iesu.

CHWILIO AM IESU

Fedrwch chi helpu Mair a Joseff i ddod o hyd i Iesu yn y deml?

Llongyfarchiadau! Rydych chi wedi dod o hyd i Iesu yn y deml!

IOAN FEDYDDIWR

Roedd Ioan, mab Elisabeth, tua'r un oed â Iesu, a'r ddau'n tyfu i fyny gyda'i gilydd.

Treuliai Ioan lawer o amser yn yr anialwch, yn gweddïo ac yn paratoi ar gyfer y gwaith roedd Duw wedi'i gynllunio ar ei gyfer. Dechreuodd ddweud wrth bobl sut roedd Duw am iddyn nhw fyw eu bywydau.

'Mae'n bryd i chi ymddiheuro am wneud pethau drwg,' meddai. 'Rhaid i chi baratoi – mae rhywun arbennig iawn yn dod.'

Roedd Ioan yn gwisgo dillad gwahanol i bawb arall ac yn bwyta bwyd syml, fel locustiaid a mêl gwyllt. Roedd golwg wyllt, ryfedd arno. Ond, er hynny, roedd pobl yn heidio i wrando arno ac yn dweud, 'Rydyn ni'n ymddiheuro am wneud pethau drwg.' Yna roedd Ioan yn eu bedyddio yn afon Iorddonen.

BETH DDYWEDODD IOAN?

Beth ddywedodd Ioan wrth y bobl? Ticiwch neu groesi bob blwch i ddangos pa frawddegau sy'n gywir a pha rai sy'n anghywir.

1
'Rhaid i chi baratoi - mae rhywun arbennig iawn yn dod.' ☐

2
'Mae'n bryd i chi ymddiheuro am wneud pethau drwg.' ☐

3
'Dylech chi fwyta locustiaid a mêl gwyllt. Maen nhw'n dda i chi.' ☐

4
'Ble mae'r siop trin gwallt agosaf?' ☐

BETH OEDD E'N EI FWYTA?

Aildrefnwch y llythrennau i ffurfio enw un o'r pethau roedd Ioan yn eu bwyta.

T A I D S I L O U C

BEDYDDIO IESU

Safodd Iesu ar lan yr afon gan wylio Ioan yn bedyddio pobl. Yn sydyn, camodd Iesu ymlaen.

'Rydw i am i ti fy medyddio i, Ioan,' meddai.

Roedd Ioan yn gwybod mai Duw oedd wedi anfon Iesu, a'i fod ar fin gwneud gwaith arbennig iawn.

'Fedra i mo dy fedyddio di,' atebodd Ioan. 'Dwyt ti ddim wedi gwneud unrhyw beth o'i le. Yn wahanol i bawb arall, does dim angen i ti ymddiheuro. Ti ddylai fy medyddio i!'

'Dyma ddymuniad Duw,' meddai Iesu.

Felly aeth Ioan a Iesu i mewn i'r dŵr gyda'i gilydd, a chafodd Iesu ei fedyddio.

Yn sydyn, daeth llais o'r nefoedd yn dweud, 'Fy Mab i ydy hwn, ac rwy'n ei garu'n fawr iawn. Mae popeth mae e'n ei wneud yn dda, ac yn fy ngwneud i'n hapus.'

CWBLHAU'R BRAWDDEGAU

Tynnwch linell yn cysylltu pob blwch pinc gyda'r blwch melyn cywir.

1 Roedd Ioan yn gwybod mai Duw . . .

2 Aeth Ioan i mewn i'r afon a . . .

3 Roedd Ioan yn credu y dylai Iesu . . .

4 Gwyliodd Iesu o'r lan wrth i Ioan . . .

5 Gofynnodd Iesu i Ioan . . .

a fedyddio pobl.

b ei fedyddio e.

c ei fedyddio.

ch oedd wedi anfon Iesu

d bedyddio Iesu

CYWIR NEU ANGHYWIR?

Ticiwch neu groesi bob blwch i ddangos pa un sy'n gywir neu'n anghywir.

1 Roedd pobl yn cael eu bedyddio â dŵr.

2 Roedd pobl yn cael eu bedyddio i ddangos eu bod yn ymddiheuro i Dduw.

3 Dim ond ar ddydd Sul roedd pobl yn cael eu bedyddio.

COPÏO'R LLUN

Fedrwch chi gopïo'r llun i mewn i'r blwch gyferbyn? Defnyddiwch y grid o sgwariau i'ch helpu.

IESU YN YR ANIALWCH

Ar ôl cael ei fedyddio aeth Iesu i'r anialwch, lle bu'n byw heb ddim i'w fwyta am 40 diwrnod a 40 noson.

Clywodd lais yn ei ymyl yn dweud, 'Os wyt ti'n llwgu, gallet droi'r cerrig hyn yn fara.'

'Na!' meddai Iesu. 'Mae'r ysgrythurau'n dweud wrthon ni bod mwy i fywyd na bwyd – rhaid i ni wrando ar Dduw hefyd.'

Llais y diafol oedd yn siarad. Aeth â Iesu i ben to'r deml a dweud, 'Os mai ti yn wir ydy mab Duw, gallet neidio. Bydd Duw'n anfon angylion i'th rwystro di rhag cwympo.'

'Na!' meddai Iesu eto. 'Mae'r ysgrythurau hefyd yn dweud na ddylet ti roi prawf fel hyn ar Dduw.'

Yna, aeth y diafol â Iesu i gopa mynydd uchel. 'Os gwnei di fy addoli i, fe gei di'r cyfan a weli,' meddai.

'Byth bythoedd!' mynnodd Iesu. 'Mae'r ysgrythurau'n dweud y dylen ni addoli Duw – a neb arall.'

Y GAIR COLL

1 Meddai'r llais, 'Os wyt ti'n llwgu, gallet droi'r cerrig hyn yn . . .

____ ____ ____ ____ '

PWY YDY HON?

1 Pwy gafodd ei themtio gan Satan i fwyta ffrwyth oedd wedi'i wahardd?

2 Beth oedd enw ei gŵr?

2 'Os mai ti yn wir ydy . . .

____ ____ ____

Duw, gallet neidio,' meddai.
'Bydd Duw'n anfon angylion i'th
rwystro di rhag cwympo.'

3 'Os gwnei di fy addoli . . .

____ ,

fe gei di'r cyfan a . . .

____ ____ ____ ____ ,'

meddai.

FFRINDIAU IESU

Roedd Iesu wedi symud gyda'i fam o bentref Nasareth i Gapernaum ar lan Llyn Galilea. Roedd pawb yn adnabod Iesu – y pysgotwyr a'r dynion casglu trethi. Pan oedd Iesu'n siarad gyda nhw, roedd pawb yn gwrando'n astud.

'Taflwch eich rhwydi dros ochr arall y cwch,' meddai Iesu wrth Pedr ac Andreas, dau frawd oedd yn bysgotwyr. Fe ddalion nhw lawer o bysgod! Daeth eu ffrindiau, Iago ac Ioan draw i'w helpu.

'Gadewch eich rhwydi,' meddai Iesu, 'a dod gyda mi.'

Y pedwar yma oedd y cyntaf o ddeuddeg ddaeth yn ddisgyblion i Iesu. Y gweddill oedd Philip, Bartholomeus, Mathew (y casglwr trethi), Thomas, Iago, Seimon, Jwdas a Jwdas Iscariot.

Newidiodd bywydau'r deuddeg yn llwyr.

BETH DDIGWYDDODD NESAF?

Ticiwch y blwch sydd ar ddiwedd y frawddeg gywir.

1 Aeth y pysgotwyr adref i gael eu cinio. ☐

2 Gadawodd y pysgotwyr eu rhwydi a dilyn Iesu. ☐

3 Aethant yn ôl at eu cychod a dal ymlaen i bysgota. ☐

DARNAU O'R POS

Mae pedwar darn o'r pos yn perthyn i lun A, a phedwar i lun B. Ysgrifennwch 'A' neu 'B' ym mhob un o'r blychau isod.

PWY DDALIODD BETH?

Dilynwch y llinellau coch, ac ysgrifennu yn y blychau beth ddaliodd pob un.

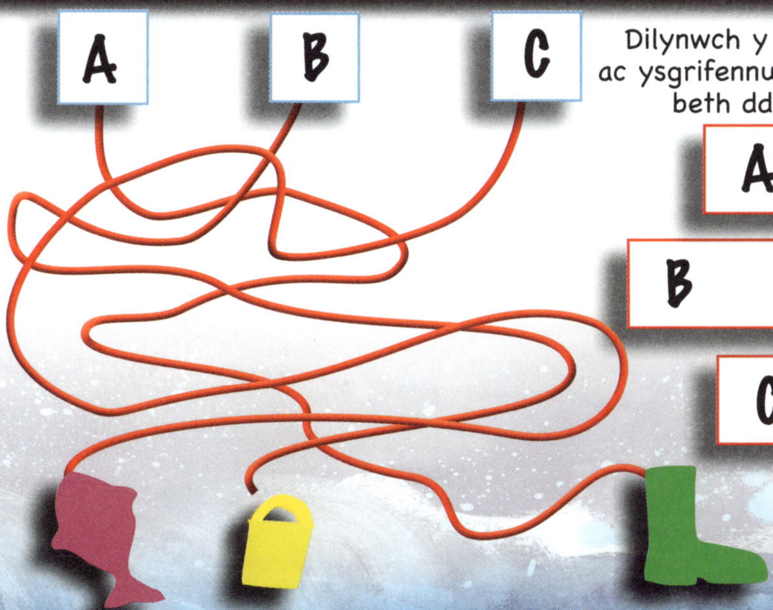

A

B

C

GWNEUD FFRINDIAU

Bellach, roedd Iesu o Nasareth yn byw yng Nghapernaum, ar lan llyn Galilea. Bob dydd byddai'n gwylio'r dynion yn mynd i bysgota a thrwsio'u rhwydi yng ngwres yr haul. Roedd y pysgotwyr i gyd yn ei adnabod yn dda.

Roedd Iesu hefyd yn adnabod y casglwyr trethi. Weithiau, roedden nhw'n gwrando ar Iesu'n sôn am Dduw. 'Mae E'n eich caru chi,' meddai wrthyn nhw.

'Gadewch eich rhwydi,' meddai Iesu un diwrnod, 'a dod gyda mi.'

Dau frawd o Fethesida oedd Pedr ac Andreas, ac roedd eu ffrindiau – Iago ac Ioan – hefyd yn frodyr. Ufuddhaodd y pedwar ar unwaith, a daeth nifer o ddynion eraill hefyd yn ffrindiau i Iesu – Philip, pysgotwr o Fethseida; Bartholomeus; Mathew y casglwr trethi; Thomas yr efaill; Iago; Seimon; Jwdas a Jwdas Iscariot.

Galwyd y deuddeg yn ddisgyblion i Iesu.

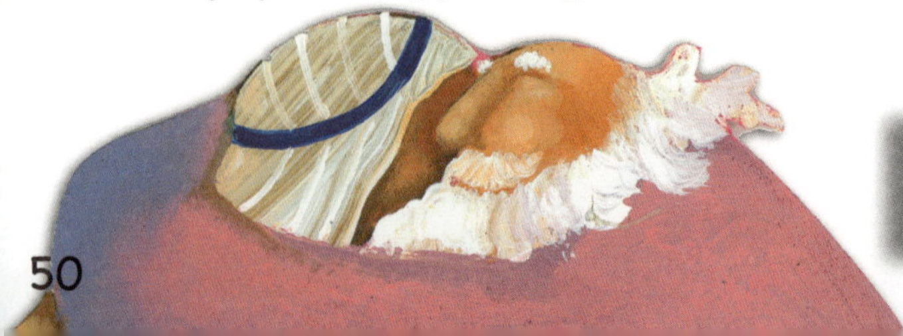

CYWIR NEU ANGHYWIR?

Faint wyddoch chi am y disgyblion?
Ticiwch neu groesi bob un o'r blychau isod.

- ☐ 1 Roedd Pedr ac Ioan yn ddau frawd.
- ☐ 2 Roedd Philip yn dod o Rufain.
- ☐ 3 Roedd gan Thomas efaill.
- ☐ 4 Roedd gan Iesu ddeg o ddisgyblion.

PA UN SY'N WAHANOL?

Tynnwch linell rhwng enw pob dyn a'r gwaith roedd e'n ei wneud.

Pedr

Mathew

Iago

Philip

Ioan

Andreas

Pysgotwr

Casglwr Trethi

Yr un sy'n wahanol ydy:

DARNAU O'R POS

Rhowch y rhif cywir ar bob un o ddarnau'r pos i ddangos ble i'w gosod er mwyn cwblhau'r llun.

FFRINDIAU IESU

1 Sawl ffrind arbennig, neu ddisgybl, oedd gan Iesu?

2 Beth oedd enw'r ffrind a ddaeth, yn nes ymlaen, yn elyn i Iesu?

GWAHODDIAD I BRIODAS

Roedd Mair wedi derbyn gwahoddiad i briodas ym mhentref Cana, ac aeth Iesu a'i ffrindiau yno hefyd. Yn wir, roedd y pentref cyfan yn rhan o'r dathliadau!

Am oriau lawer, roedd pawb yn hapus iawn yng nghwmni'r pâr ifanc. Ond yna sylwodd Mair nad oedd unrhyw win ar ôl. 'Fedri di helpu?' sibrydodd wrth Iesu.

Dywedodd e wrth y gweision, 'Llanwch chwech o jariau mawr â dŵr. Yna, ewch â chwpanaid o'r ddiod at y dyn sydd yng ngofal y wledd.'

Blasodd y dyn ychydig o'r ddiod. 'Mae hwn yn win arbennig!' meddai.

Roedd Mair, y gweision a'r disgyblion yn gwybod mai Iesu oedd wedi troi'r dŵr yn win. Dyna i chi wyrth!

GWESTEION Y BRIODAS

Pa siâp sy'n cyfateb i ba un o'r gwesteion yn y llun uchod? Ysgrifennwch y rhifau cywir yn y blychau.

BETH DDIGWYDDODD YMHLE?

Atebwch y cwestiynau isod trwy dynnu llinell rhwng y cwestiwn a'r ateb cywir.

1 Lle trodd Iesu'r dŵr yn win?	a Galilea
2 Lle cyfarfu Iesu â'r pysgotwyr?	b Nasareth
3 Cafodd Iesu ei eni yn y dref hon.	c Bethseida
4 Roedd Iesu'n byw agos at y llyn yma.	ch Cana
5 Lle magwyd Pedr ac Andreas?	d Bethlehem
6 Roedd Iesu'n dod o'r dref hon.	dd Capernaum

TYRFA'N DOD I WRANDO

Cyn bo hir, roedd pobl Capernaum yn holi Iesu am Dduw. Roedd ganddyn nhw lawer o gwestiynau i'w gofyn iddo.

Clywodd rhai fod Iesu wedi gwella mam-yng-nghyfraith Pedr o salwch cas. 'Wnei di wella ein perthnasau ninnau hefyd?' gofynnon nhw.

Un diwrnod, daeth pedwar o ddynion i'r tŷ lle'r oedd Iesu'n aros, gan gario eu ffrind ar wely ysgafn. 'Mae'r lle'n llawn dop,' meddai un dyn. 'Rhaid i ni fynd ag e i mewn drwy'r to, felly!' meddai un arall. Gwnaethon nhw glamp o dwll mawr yn nho'r tŷ a gollwng eu ffrind i lawr drwyddo.

Edrychodd pawb mewn braw ar y llanast o'u cwmpas. Ond gwelodd Iesu ddyn oedd yn methu cerdded; dyn roedd ei ffrindiau'n poeni amdano, ac yn credu y byddai Iesu'n gallu ei helpu.

'Cod dy wely a cherdded,' meddai Iesu wrtho.

A dyna wnaeth e – roedd Iesu wedi ei wella! Cerddodd yr holl ffordd adref y noson honno, yn ddyn hapus iawn!

CHWILAIR

Defnyddiwch y cliwiau isod i ddod o hyd i'r atebion yn y chwilair.

1 Mam-yng-nghyfraith pwy oedd wedi cael ei gwella gan Iesu?

2 Sawl ffrind oedd yn helpu'r dyn oedd yn methu cerdded?

3 Ymhle y gwnaethon nhw glamp o dwll?

4 Beth oedd eu ffrind yn methu ei wneud?

A	O	F	A	T	E	L	E	E	C	H	L	A	E	C
S	M	O	M	R	T	A	A	R	E	A	D	S	Y	I
P	E	D	W	A	R	T	W	S	R	H	B	D	N	O
O	T	E	R	E	M	A	Y	T	DD	B	E	U	Y	D
L	H	U	Y	T	I	R	L	N	E	C	D	L	T	F
D	A	L	P	E	D	R	T	N	D	R	P	S	O	C
L	T	M	N	R	H	S	I	P	S	O	F	T	F	R

'RUN FATH YN UNION

Pa un o'r tri llun bach sydd 'run fath yn union â'r llun mawr?

A

B

C

EISTEDD AR OCHR Y BRYN

Dangosodd Iesu i bobl sut i fyw fel eu bod nhw – a Duw – yn hapus.

'Bydd Duw'n eich bendithio os bydd arnoch angen ei help,' meddai. 'Bydd Duw'n eich cysuro pan fyddwch chi'n drist, ac yn rhoi popeth mae arnoch ei angen i chi. Bydd Duw'n garedig wrthoch chi os byddwch chithau'n garedig wrth bobl eraill.

'Byddwch yn barod i faddau i bobl sy'n eich brifo. Cerwch eich gelynion, a gweddïo drostyn nhw.

'Peidiwch â phoeni am bethau dibwys. Mae Duw'n bwydo'r adar ac yn gwneud y blodau'n hardd. Bydd yn gofalu amdanoch chithau hefyd! Wrth roi eich hun yn nwylo Duw, bydd popeth arall yn disgyn i'w le. Bydd Duw yn rhoi'r cyfan i chi.'

GEIRIAU IESU

Beth ddywedodd Iesu? Cwblhewch y brawddegau.

1 **Peidiwch â** ....

2 **Cerwch eich** ....

CWBLHAU'R BRAWDDEGAU

Tynnwch linell yn cysylltu pob blwch pinc gyda'r blwch glas cywir.

1 Bydd Duw'n eich bendithio

2 Bydd Duw'n eich cysuro

3 Bydd Duw'n garedig wrthoch chi

4 Byddwch yn barod i faddau i bobl

5 Cerwch eich gelynion

a gweddïo drostyn nhw.

b sy'n eich brifo.

c os bydd arnoch angen ei help.

ch pan fyddwch chi'n drist.

d os byddwch chithau'n garedig wrth bobl eraill.

RHAGOR O EIRIAU IESU

Rhowch y geiriau cywir yn y bylchau.

1 **Wrth roi eich hun ....,**
bydd popeth arall yn disgyn i'w le.

2 **Byddwch yn barod i faddau i bobl**
...

AMSER I WEDDÏO

Roedd pobl yn gofyn i Iesu, 'Wnei di ein dysgu ni sut i weddïo?'

'Wrth gwrs,' atebodd yntau. 'Y gyfrinach ydy treulio amser ar eich pen eich hun gyda Duw, fel petaech chi'n siarad â thad sy'n meddwl y byd ohonoch. Does dim angen defnyddio geiriau hir, nac esgus bod yn wahanol i'r hyn ydych chi. Byddwch yn onest – dwedwch wrth Dduw beth sy'n eich poeni a beth mae arnoch ei angen. Mae Duw'n gwrando arnoch, a bydd yn eich ateb – ond cofiwch, efallai y bydd yr ateb hwnnw'n wahanol i'r hyn roeddech chi'n ei ddisgwyl!'

Dysgodd Iesu batrwm o weddi i'w ddisgyblion i'w helpu i weddïo ar Dduw. 'Pan fyddwch wedi gwneud drwg, gofynnwch i Dduw faddau i chi – ond, yn gyntaf, cofiwch chithau faddau i'r rhai sydd wedi eich brifo chi!'

Mae'r weddi hon wedi cael ei hadrodd gan Gristnogion ar hyd yr oesoedd. Fedrwch chi ei hadrodd hefyd?

Gweddi'r Arglwydd

Ein Tad, yr hwn wyt yn y nefoedd,
sancteiddier dy enw.
Deled dy deyrnas.
Gwneler dy ewyllys,
megis yn y nef, felly ar y ddaear hefyd.
Dyro i ni heddiw ein bara beunyddiol,
a maddau i ni ein dyledion,
fel y maddeuwn ninnau i'n dyledwyr.
Ac nac arwain ni i brofedigaeth, eithr
gwared ni rhag drwg.
Canys eiddot ti yw'r deyrnas,
a'r nerth, a'r gogoniant,
yn oes oesoedd.
Amen

GWEDDÏAU

Beth wnewch chi weddïo amdano? Ysgrifennwch eich atebion yn y blychau isod.

Rhywbeth rydych chi am ddiolch i Dduw amdano.

Rhywbeth yr hoffech chi ofyn i Dduw amdano.

Rhywbeth yr hoffech gael help gan Dduw i'w wneud.

Rhywun arall sydd ag angen help gan Dduw.

CWBLHAU'R WEDDI

Llanwch y blychau isod â'r geiriau coll. Fedrwch chi wneud hynny heb edrych ar y copi?

Ein Tad, yr hwn wyt
yn y nefoedd, sancteiddier dy ... 1

Deled dy deyrnas,
gwneler dy ... 2
megis yn y nef,
felly ar y ddaear hefyd.

Dyro i ni heddiw ein ... 3

A maddau i ni ein dyledion,
fel y ... 4
ninnau i'n dyledwyr.

Ac nac arwain ni i ... 5
eithr gwared ni rhag drwg.

Canys eiddot ti yw'r deyrnas, a'r ... 6
a'r gogoniant,

yn oes oesoedd ... 7

FFRIND YNG NGHAPERNAUM

Un tro, roedd milwr Rhufeinig yn byw yn Nghapernaum. Yn wahanol i'r milwyr eraill, roedd e'n boblogaidd iawn. Roedd e hyd yn oed wedi adeiladu synagog ar gyfer pobl y dref.

Roedd y milwr yn gwybod popeth am Iesu. Felly, pan oedd ei was yn wael iawn, aeth i ofyn i Iesu am help. 'Fe ddof i ar unwaith,' atebodd Iesu.

Ond doedd y milwr ddim yn fodlon. 'Rwyt ti'n llawer rhy bwysig i ddod i 'nghartref i,' meddai. 'Rwy'n gwybod nad oes ond angen i ti ddweud y gair, ac fe fydd fy ngwas yn gwella.'

'Diolch i ti am gredu mor gryf ynof i,' atebodd Iesu. 'Dos adre ar unwaith – mae dy was yn iach unwaith eto.'

Ac roedd e hefyd. Roedd y milwr wrth ei fodd!

GWELD Y GWAHANIAETH

Rhowch gylch o gwmpas y chwe pheth sy'n wahanol rhwng y ddau lun yma.

DEWIS Y DARN

Dewiswch y darn cywir o'r pos ar gyfer pob bwlch yn y llun, a thicio'r blwch nesaf ato.

STORM SYDYN

Roedd Iesu wedi blino'n lân. Bob dydd, roedd e'n gweithio'n galed yn helpu pobl a'u hiacháu. Un diwrnod, penderfynodd groesi Llyn Galilea mewn cwch, ac eisteddodd ar ei bwrdd gan orffwys ei ben ar glustog. Cwympodd i gysgu ar unwaith.

Cyn hyn roedd dŵr y llyn wedi bod yn dawel iawn, ond yn sydyn cododd storm fawr. Rhuodd y gwynt, gan chwipio'r tonnau'n ewyn gwyn. 'Mae'r dŵr yn llifo dros ochrau'r cwch!' llefodd y disgyblion. Roedd hyd yn oed y pysgotwyr profiadol wedi cael braw.

'Deffra, Iesu!' gwaeddodd rhai o'i ffrindiau.

'Mae arnon ni dy angen di!' llefodd rhai eraill.

Deffrodd Iesu a chodi ar ei draed i siarad â'r gwynt a'r tonnau gwyllt.

'Rhaid i chi dawelu ar unwaith!' gorchmynnodd.

Yna, mor sydyn ag y cododd y storm roedd y llyn yn llonydd unwaith eto, heb 'run crych yn y dŵr.

Syllodd y disgyblion ar ei gilydd mewn syndod. 'Mae hyd yn oed y gwynt a'r tonnau'n gwrando ar Iesu,' medden nhw.

BETH DDIGWYDDODD NESAF?

Beth ddigwyddodd pan ofynnodd y disgyblion i Iesu eu helpu? Ticiwch y blwch cywir.

- ☐ 1 Dywedodd Iesu wrth y disgyblion am adael iddo gysgu.
- ☐ 2 Aeth Iesu ati i helpu'r dynion i daflu'r dŵr allan o'r cwch.
- ☐ 3 Dywedodd Iesu nad oedd e'n deall dim am hwylio.
- ☐ 4 Tawelodd Iesu y storm.

SAWL PYSGODYN?

Ydy'r brawddegau isod yn gywir neu'n anghywir? Ticiwch neu groesi bob blwch.

☐ 1 Mae mwy na 40 pysgodyn yn y cwch.

☐ 2 Dim ond tri physgodyn melyn sydd yn y cwch.

☐ 3 Mae yna fwy o bysgod gwyrdd nag o bysgod glas yn y cwch.

☐ 4 Gwyrdd ydy lliw y pysgodyn mwyaf.

PWY SYDD YN Y CWCH?

Ticiwch y blychau nesaf at y tri dyn oedd yn y cwch gyda Iesu.

1 ☐

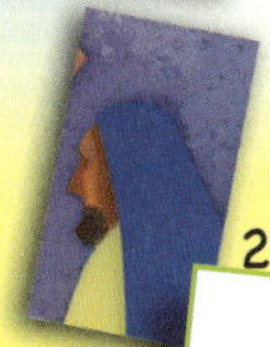
2 ☐

3 ☐

4 ☐

5 ☐

6 ☐

TAD PRYDERUS

Roedd dyn o'r enw Jairus yn gwthio'i ffordd drwy'r dyrfa fawr oedd yn heidio o gwmpas Iesu.

'Ddoi di ar unwaith, Iesu?' ymbiliodd. 'Mae fy merch fach yn marw!'

Roedd Iesu'n awyddus i helpu, ond wrth iddo frysio i gartref Jairus stopiodd yn sydyn wrth deimlo rhywun yn cyffwrdd ag e – rhywun oedd ag angen ei help, ac a oedd bellach wedi'i hiacháu.

Edrychodd Iesu o'i gwmpas. 'Mae'n ddrwg gen i,' meddai gwraig yn ei ymyl. 'Rydw i wedi bod yn sâl ers amser hir, ac ro'n i'n gwybod petawn i ddim ond yn gallu cyffwrdd dy glogyn

y byddet ti'n fy ngwella.' Gwenodd Iesu arni.

Yn sydyn, rhedodd dyn ato. 'Rwyt ti'n rhy hwyr,' llefodd. 'Mae merch Jairus wedi marw!'

'Paid â digalonni,' atebodd Iesu.

Roedd pawb yn nhŷ Jairus yn crio, ond aeth Iesu at y ferch fach a gafael yn ei llaw.

'Deffra,' sibrydodd wrthi. Ac agorodd merch Jairus ei llygaid a chodi ar ei heistedd.

DRYSFA

Ceisiwch ddod o hyd i'r ffordd i gartref Jairus.

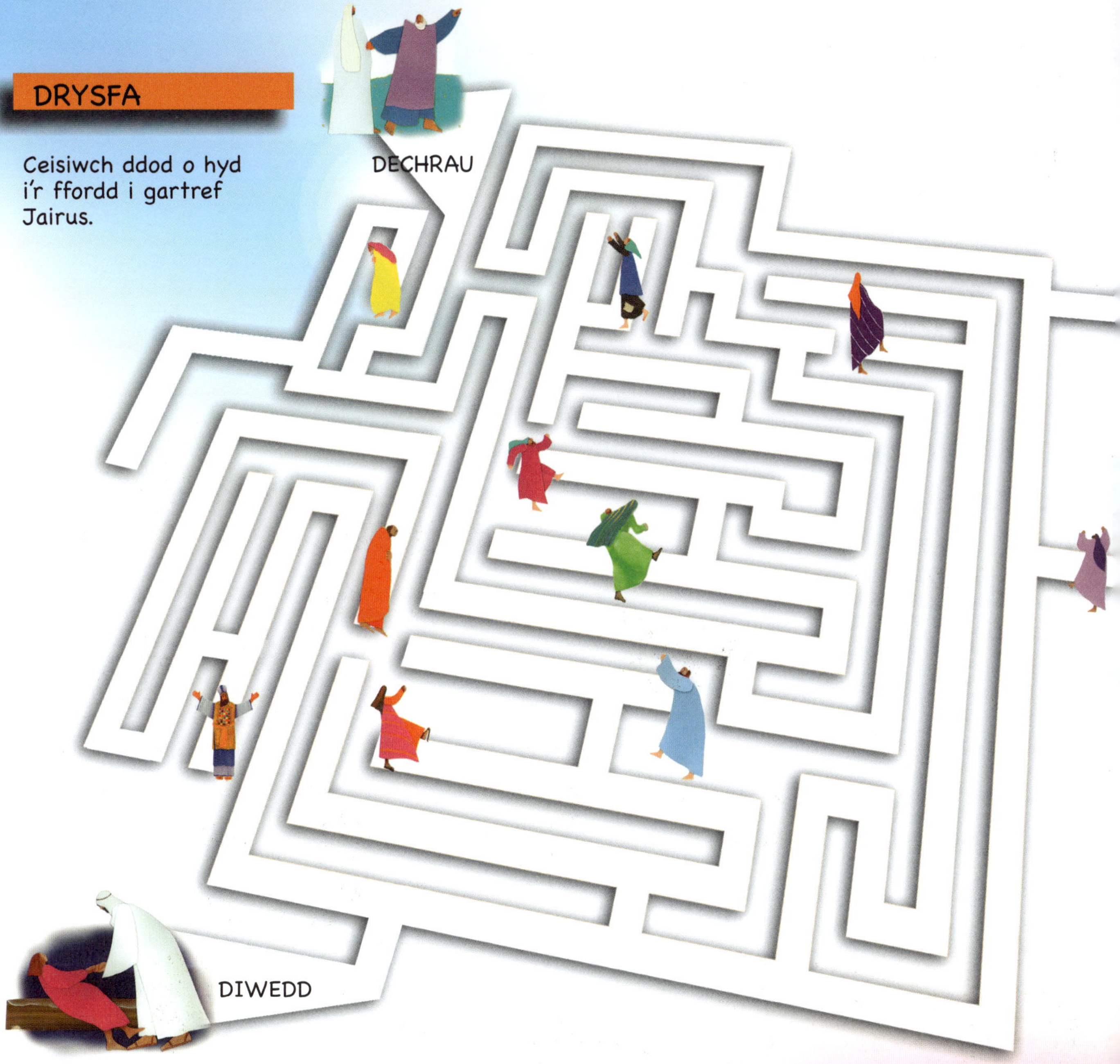

PICNIC AR LAN Y LLYN

Roedd Iesu wedi treulio'r diwrnod mewn tref ger Llyn Galilea yn dysgu tyrfa fawr o bobl ac yn iacháu pobl sâl. Erbyn hyn, roedd hi'n dechrau nosi.

'Rhaid i ni gael bwyd o rywle,' meddai Iesu wrth ei ffrindiau. 'Mae pawb ar lwgu, ac yn bell oddi cartref.'

Rhaid bod dros 5,000 o bobl yma, meddyliodd Philip wrth edrych o'i gwmpas yn bryderus. 'Mae gan y bachgen yma bum torth a dau bysgodyn,' meddai Andreas, 'ond fydd hynny ddim yn mynd yn bell iawn.'

Diolchodd Iesu i Dduw am y bara a'r pysgod, a'u torri i fyny'n ddarnau llai. 'Ewch i rannu'r bwyd ymhlith y bobl,' meddai wrth y disgyblion.

Ac felly y bu. Rhannodd pob person ei fwyd gyda rhywun arall. Cafodd pawb lond ei fol, ac ar y diwedd roedd deuddeg basgedaid o fwyd dros ben! Dyna i chi wyrth!

CYFATEB Y BASGEDI

Rhifwch y basgedi isod fel eu bod yn cyfateb i'r basgedi ar dudalen 67.

SAWL BASGED?

1 Sawl basged sy'n cynnwys bara?

2 Sawl basged sydd heb fara ynddi?

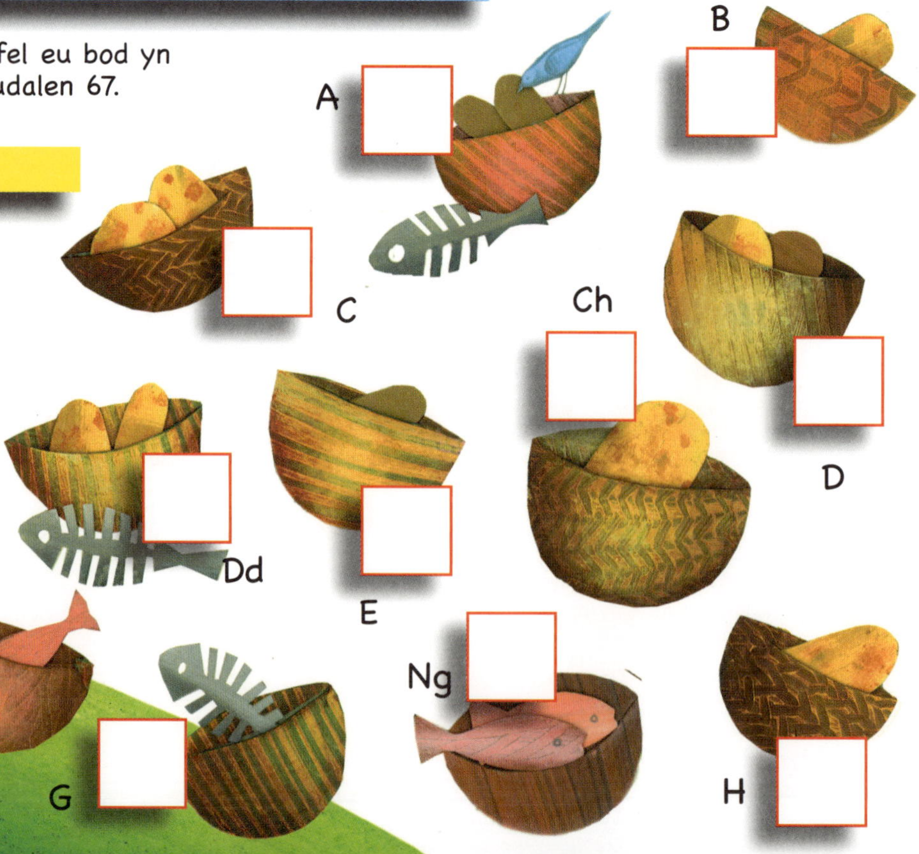

CWIS RHIFAU

1 Sawl ffrind oedd gan Iesu?

2 Sawl torth o fara oedd yna?

3 Sawl pysgodyn oedd yna?

4 Sawl basgedaid o fwyd oedd ar ôl?

5 Adiwch y rhifau hyn i gyd at ei gilydd.

DATRYS YR ENWAU

1 Pa ddisgybl oedd yn bryderus? **piliph**

2 Pwy ddaeth â'r bachgen at Iesu? **sarenda**

MORDAITH GANOL NOS

'Ewch chi i hwylio ar draws Llyn Galilea,' meddai Iesu wrth ei ffrindiau un noson. 'Fe arhosa i yma i weddïo.'

Yn sydyn, a'r cwch ar ganol y llyn, gwelodd y disgyblion ddyn yn dod tuag atyn nhw. Roedd e'n cerdded ar y dŵr! Gwaeddodd pawb mewn braw.

'Peidiwch ag ofni,' galwodd Iesu. 'Dim ond fi sy 'ma.'

'Gad i mi ddod atat ti,' meddai Pedr, gan ddringo dros ochr y cwch. Am ychydig eiliadau roedd yntau hefyd yn cerdded ar y dŵr, ond cododd y gwynt yn sydyn a dechreuodd Pedr suddo o dan y tonnau.

'Helpa fi!' galwodd mewn panig. Gafaelodd Iesu yn ei law a'i dynnu i mewn i'r cwch.

'Ti yn wir ydy Mab Duw!' meddai'r disgyblion mewn rhyfeddod.

GWELD Y GWAHANIAETH

A fedrwch chi weld pum gwahaniaeth rhwng y ddau lun?

CHWILAIR

A	O	T	L	Y	E	L	A	E	N	P	E	W	B	S
H	E	L	P	A	F	I	M	I	E	E	W	R	E	D
G	F	O	G	A	L	I	L	E	A	D	S	R	D	U
O	T	N	M	T	E	P	R	S	H	R	L	P	P	L
C	A	N	O	L	N	O	S	U	S	R	E	L	F	O
D	A	U	R	A	T	L	I	S	U	A	T	D	A	S

Edrychwch yn y chwilair am yr atebion i'r cwestiynau isod.

1 Beth oedd enw'r llyn?
2 Pwy gerddodd ar y dŵr?
3 Pwy suddodd o dan y tonnau?
4 Pa amser o'r dydd oedd hi?
5 Beth alwodd Pedr pan oedd e mewn trafferth?

BYD HEB GÂN YR ADAR

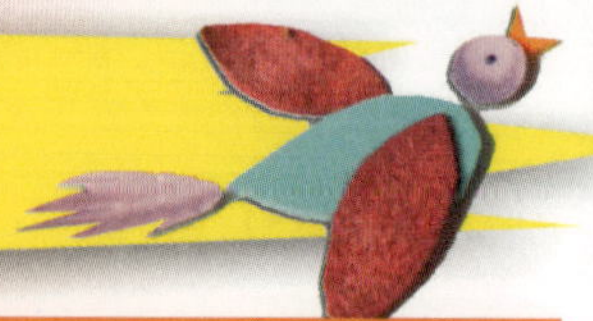

Roedd yna lawer o adar yn hedfan dros Lyn Galilea. Weithiau roedden nhw'n gwneud llawer o sŵn. Ond, un diwrnod, cwrddodd Iesu â dyn nad oedd yn gallu glywed cân yr adar o gwbl. Yn wir, doedd e ddim yn gallu clywed unrhyw beth – nac yn gallu siarad chwaith.

'Fedri di ei helpu e?' gofynnodd ei ffrindiau i Iesu.

'Tyrd gyda fi,' meddai Iesu wrth y dyn. Cyffyrddodd Iesu â'i glustiau a'i dafod, a gweddïodd.

A chredwch chi byth – cafodd y dyn ei iacháu ar unwaith! Gallai glywed yr adar am y tro cyntaf erioed, a dechreuodd siarad hefyd!

Aeth Iesu â'r dyn yn ôl at ei ffrindiau. Roedden nhw wrth eu bodd! 'Diolch i ti, Iesu!' medden nhw, cyn mynd i ddweud wrth bawb beth roedd Iesu wedi'i wneud.

PA ADERYN?

Llanwch y bylchau â'r llythrennau cywir i ffurfio enwau tri aderyn.

1 r ___ b ___ n

2 g ___ y ___ a ___

3 ___ a ___ o t

SYNAU

Tynnwch lun yr anifeiliaid sy'n gwneud y synau hyn.

Soch!

1

Mw!

2

GWYRTHIAU

Cwblhewch y brawddegau isod sy'n disgrifio rhai o wyrthiau Iesu.

1 Trodd Iesu'r dŵr yn

2 Iachaodd Iesu ddyn sâl er mwyn iddo allu

3 Gofynnodd y milwr Rhufeinig i Iesu iacháu ei

4 Tawelodd Iesu'r

5 Bwydodd Iesu dros 5,000 o bobl gyda bara a dau

6 Cerddodd Iesu ar y

TROI DŴR YN WIN

Lliwiwch y llun isod er mwyn troi'r dŵr yn win.

AMSER STORI

Roedd pobl yn gofyn llawer o gwestiynau i Iesu, ac weithiau byddai'n eu hateb trwy adrodd stori.

'Pan fydda i'n dweud rhywbeth wrthoch chi,' meddai, 'defnyddiwch fy ngeiriau i i'ch arwain. Ceisiwch fod fel y dyn doeth a adeiladodd ei dŷ ar graig. Roedd yn waith caled dros amser maith, ond pan ddaeth y storm roedd y dyn yn glyd a diogel y tu mewn.

'Peidiwch â bod fel y dyn ffôl! Doedd e ddim yn hoffi gwaith caled, felly adeiladodd ei dŷ ar y tywod oherwydd bod hynny'n haws. Ond pan ddaeth y storm, chwalodd y tŷ o'i gwmpas a chafodd ei chwythu i ffwrdd.

'Ceisiwch wrando ar bopeth sy'n dda, yn iawn ac yn gywir, a pheidiwch â chymryd y llwybr hawdd. Yn y diwedd, fe fyddwch chi'n ddiogel ac yn hapus.'

GEIRIAU ANGHYWIR

Mae yna bum camgymeriad yn y darn isod o'r stori a adroddwyd gan Iesu. Rhowch gylch o gwmpas y pum gair anghywir.

'Ceisiwch fod fel y dyn doeth a adeiladodd ei dŷ ar goeden. Roedd yn waith caled dros amser maith, ond pan ddaeth y teigr roedd y dyn yn glyd a diogel y tu mewn.

'Peidiwch â bod fel y dyn ffôl! Doedd e ddim yn hoffi gwaith di-dâl, felly adeiladodd ei dŷ ar jeli oherwydd bod hynny'n haws. Ond pan ddaeth y storm, chwalodd y trên o'i gwmpas a chafodd ei chwythu i ffwrdd.'

CYWIR NEU ANGHYWIR?

Roedd Iesu'n hoffi dysgu pobl am Dduw. Ticiwch y brawddegau cywir isod.

1 Mae Duw am i ni ddweud celwydd. ☐

2 Mae Duw'n debyg i dad da. ☐

3 Mae Duw am i ni faddau i bobl sy'n ein trin yn wael. ☐

4 Mae Duw'n rhy brysur i wrando ar ein gweddïau. ☐

5 Mae Duw am i ni rannu popeth sydd gennym. ☐

6 Mae Duw'n caru'r bobl a greodd Ef. ☐

7 Mae Duw am i ni ymladd a gwneud dolur i'n gilydd. ☐

8 Mae Duw am i ni fod yn garedig wrth bobl eraill. ☐

COLLI A CHAEL

'Mae Duw'n eich caru,' meddai Iesu wrth y bobl. 'Mae e am i chi fod yn ffrindiau iddo, ac yn hapus.

'Dychmygwch fod ganddoch chi 100 o ddefaid, ac un ohonyn nhw wedi mynd ar goll,' meddai un diwrnod. 'Beth fyddech chi'n ei wneud? Byddech chi'n chwilio pob twll a chornel amdani, heb orffwys nes i chi ddod â'r ddafad adre'n ddiogel. Wedyn, byddech chi'n dathlu!

'Dyna sut un ydy Duw. Hyd yn oed os mai dim ond un person sydd ar goll ac yn drist, neu wedi dewis crwydro oddi wrtho, fe fydd e'n poeni. Wnaiff e ddim ymlacio nes bod pawb adre'n ddiogel.

'Mae Duw'n debyg i dad cariadus sy'n drist am fod ei fab wedi dewis gadael cartref a theithio'n bell i ffwrdd. Mae'r tad yn aros nes bod ei fab wedi gwario'i holl arian, a cholli'i ffrindiau. Mae'n aros nes bod

ei fab yn drist ac unig, ac yn sylweddoli ei fod wedi gwneud camgymeriad. Mae'n aros nes bod ei fab yn dweud wrtho'i hun, "Os dyweda i 'mae'n ddrwg gen i' wrth fy nhad, efallai y bydd e'n fodlon i mi fynd adref."

'Wrth nesáu at ei gartref, mae'r mab yn gweld bod ei dad yn aros amdano, ei freichiau ar led yn barod i'w groesawu. Cyn i'r mab gael cyfle i ymddiheuro, mae ei dad yn ei gofleidio ac yn trefnu parti i'w groesawu adref!

'Mae Duw'n aros yn amyneddgar nes i ni sylweddoli bod arnon ni ei angen. Yna, mae e'n ein croesawu'n ôl i fod yn rhan o'i deulu Ef.'

BETH DDIGWYDDODD NESAF?

Beth mae'r tad cariadus yn ei wneud? Ticiwch yr atebion cywir, a rhoi croes wrth y rhai anghywir.

1 Mae'r tad yn gwrthod siarad â'i fab ar ôl iddo gyrraedd adref. ☐

2 Mae'r tad yn dweud wrth y mab nad oes lle iddo yn y cartref. ☐

3 Mae'r tad yn dweud wrth y mab y caiff e gysgu yn y sgubor. ☐

4 Mae'r tad yn trefnu parti. ☐

Y DDAFAD GOLLEDIG

Fedrwch chi ddod o hyd i'r llwybr sy'n arwain at y ddafad, ac yna ei harwain yn ôl adref?

5 Mae'r tad yn dweud y caiff e weithio i dalu am ei fwyd.

Y CYMYDOG DA

'Rwy'n gwybod y dylwn i garu Duw a charu 'nghymydog,' meddai rhyw ddyn wrth Iesu. 'Ond pwy yn union ydy fy nghymydog?'

I ateb ei gwestiwn, adroddodd Iesu stori am ddyn caredig o Samaria.

'Un tro, roedd lladron wedi ymosod ar deithiwr, gan ddwyn ei holl eiddo a rhoi dolur ofnadwy iddo.

'Ymhen sbel, cerddodd offeiriad ar hyd y ffordd – ond yn hytrach na helpu'r dyn fe gerddodd yn ei flaen heb aros. Daeth dyn crefyddol arall heibio yn nes ymlaen – ond cerddodd yntau heibio'r dyn druan heb wneud dim.

'O'r diwedd, daeth Samariad heibio. Pan welodd y dyn ar lawr, aeth ato i'w helpu. Ar ôl trin ei ddoluriau, aeth â'r dyn i westy cyfagos a rhoi arian i'r perchennog. "Gofala am y dyn nes ei fod yn ddigon iach i fynd ymlaen ar ei daith," meddai.

'Weli di pwy oedd yn gymydog da i'r dyn?' holodd Iesu. 'Mae e wedi dangos i ti beth i'w wneud.'

AILDREFNU'R LLYTHRENNAU

Yn y stori uchod, roedd y person cyntaf a aeth heibio heb helpu'r dyn yn . . .

FfADOIERI

Ysgrifennwch yr ateb yn y blwch.

DRYSFA

Fedrwch chi ddod o hyd i'r ffordd i'r gwesty?

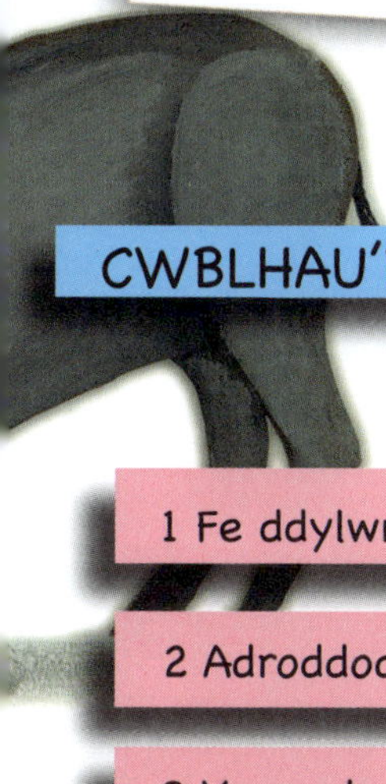

CWBLHAU'R BRAWDDEGAU

Tynnwch linell i gysylltu bob blwch pinc â'r blwch melyn cywir.

1 Fe ddylwn i garu	a i helpu'r dyn.
2 Adroddodd Iesu stori am	b Duw a 'nghymydog.
3 Ymosodwyd ar y dyn gan	c ddyn caredig.
4 Arhosodd Samariad	ch ladron.

COFIWCH DDWEUD 'DIOLCH'

Yn amser Iesu, roedd pobl oedd yn dioddef o glefyd ar y croen yn cael eu trin yn wael iawn. Doedden nhw ddim yn cael byw gyda'u teuluoedd na'u ffrindiau rhag ofn i rywun arall ddal y clefyd.

Felly, pan welodd Iesu griw o ddeg dyn yn swatio gyda'i gilydd ac yn ei wylio'n ofalus, roedd e'n gwybod ar unwaith beth oedd yn bod arnyn nhw.

'Helpa ni, Iesu!' galwodd y dynion.

Yn wahanol i bawb arall, doedd ar Iesu mo'u hofn nhw. 'Rydych chi wedi cael eich gwella,' meddai. 'Ewch, a dangos eich hunain i bawb!'

Roedd y dynion yn methu credu'r peth – roedd Iesu wedi gwneud eu croen yn iach unwaith eto! I ffwrdd â nhw, i weld eu teulu a'u ffrindiau.

Ond trodd un dyn, Samariad, yn ei ôl a phenlinio o flaen Iesu. 'Diolch i Dduw,' meddai.

Roedd Iesu wrth ei fodd fod y dyn yn iach eto – ond yn fwy balch fyth ei fod wedi dod yn ôl i ddiolch i Dduw.

Y peth trist oedd mai dim ond un dyn allan o ddeg oedd eisiau dweud 'diolch'.

PWY YDY PWY?

Dewiswch y geiriau cywir i gwblhau pob un o'r pedair brawddeg isod, ac ysgrifennu'r rhif cywir yn y blwch.

YR ATEB CYWIR

Dewiswch y geiriau cywir i gwblhau pob un o'r pedair brawddeg isod, ac ysgrifennu'r rhif cywir yn y blwch.

1 Roedd pobl â chlefyd ar y croen:
A yn mynd i'r ysbyty.
B yn gorfod cymryd llawer o foddion.
C yn gorfod byw'n bell oddi wrth deulu a ffrindiau.

2 Roedd pobl â chlefyd ar y croen:
A yn hapus iawn.
B yn teimlo'n ofnus ac unig.
C yn ffrindiau â llawer o bobl.

3 Pan gwrddodd Iesu â'r deg dyn:
A cawson nhw eu hiacháu ar unwaith.
B dywedodd wrthyn nhw am fynd i ffwrdd.
C dywedodd wrthyn nhw am ddod yn ôl rywbryd eto.

4 Ar ôl i Iesu helpu'r dynion:
A rhuthrodd pawb i ffwrdd.
B diolchodd pawb i Dduw.
C dim ond un ddywedodd 'diolch i Dduw'.

MYND I ANGLADD

Roedd Iesu'n ffrindiau gyda dyn o'r enw Lasarus, a'i ddwy chwaer Mair a Martha. Un diwrnod, anfonodd y chwiorydd neges at Iesu i ddweud bod Lasarus yn wael iawn.

Ond erbyn i Iesu gyrraedd eu cartref roedd Lasarus wedi cael ei gladdu ers pedwar diwrnod. 'Trueni nad oeddet ti yma,' meddai Martha wrth Iesu. 'Byddai fy mrawd yn dal yn fyw.'

'Rho dy ffydd ynof i, Martha,' meddai Iesu. 'Bydd y rhai sy'n credu ynof i yn byw am byth.'

'Ti yn wir ydy Mab Duw,' atebodd Martha.

Aeth Iesu gyda Mair, Martha a chriw o'u ffrindiau i'r fan lle'r oedd Lasarus wedi'i gladdu. Roedd pawb yn drist iawn, ac yn crio.

Gweddïodd Iesu, a galw ar Lasarus. Cerddodd yntau allan o'r bedd – ac roedd pawb wedi rhyfeddu! Roedd Iesu wedi codi Lasarus o farw'n fyw!

CYFATEB Y SIAPIAU

Pa dri o'r siapiau isod sydd wedi eu cymryd o'r llun uchod?

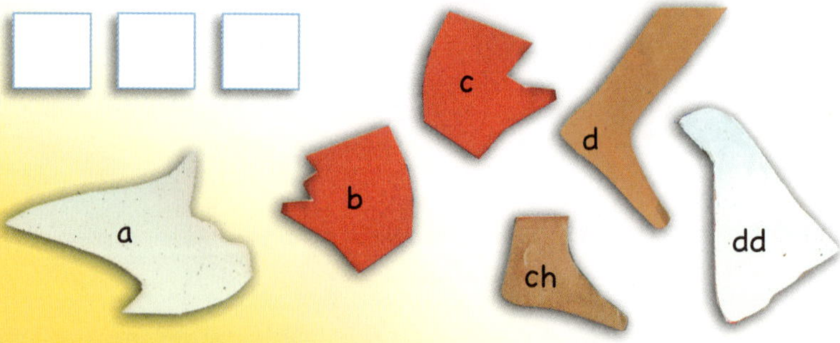

CHWILAIR

Mae'r atebion i'r cwestiynau isod yn y chwilair. Welwch chi nhw?

1 Beth oedd enw ffrind Iesu, oedd wedi marw?
2 Beth oedd enw chwaer Mair?
3 Pwy oedd yn credu bod Iesu'n Fab Duw?
4 Sawl diwrnod oedd Lasarus wedi bod yn y bedd?

A	H	M	A	S	E	W	Y
M	A	I	R	B	T	S	M
G	T	R	E	R	T	C	A
O	F	P	E	D	W	A	R
L	O	P	C	S	N	H	TH
D	N	F	M	E	P	B	A
F	U	O	R	M	C	E	W
O	U	R	P	A	M	R	T
M	L	A	S	A	R	U	S
F	M	E	L	I	Y	L	C
T	A	Y	A	E	B	D	U

MWYNHAU CWMNI'R PLANT

Roedd gan Iesu ddeuddeg o ffrindiau arbennig – ei ddisgyblion. Er mai dynion oedden nhw, roedd Iesu'n ffrindiau gyda llawer o ferched hefyd – gwragedd, mamau a chwiorydd y dynion roedd e wedi eu helpu. Ac roedd Iesu bob amser wrth ei fodd yng nghwmni plant.

Yn aml iawn, roedd mamau'n dod â babanod bach iddo eu bendithio, ac roedd plant hŷn yn hoffi bod o gwmpas Iesu, lle bynnag roedd e.

Weithiau, roedd y disgyblion yn dweud, 'Peidiwch â phoeni Iesu. Mae e wedi bod yn brysur iawn, ac wedi blino'n lân.' Ond roedd Iesu'n croesawu'r plant bob amser.

'Mae fy nheyrnas i fel y rhai bach yma,' meddai. 'Mae eu ffydd yn syml. Maen nhw'n gallu caru Duw ac ymddiried ynddo – ac mae Duw'n eu bendithio.'

PWY OEDD PWY? Atebwch A neu B.

☐ 1 Roedd Iesu'n 12 oed pan aeth ar goll yn **A.)** Nasareth **B.)** Jerwsalem

☐ 2 Roedd Ioan Fedyddiwr yn fab i **A.)** Sechareia ac Elisabeth **B.)** Mair a Joseff

☐ 3 Roedd Iago ac Ioan yn feibion i **A.)** Sebedeia **B.)** Sacheus

☐ 4 Iachaodd Iesu ferch **A.)** Jairus **B.)** Y brenin

☐ 5 Beth gynigiodd y bachgen i Iesu? **A.)** 2 bysgodyn **B.)** 5 pysgodyn

PA BLENTYN?

Gosodwch y pennawd cywir o dan y lluniau. Darllenwch y cliwiau isod i'ch helpu.

Cain: lladdodd e Abel, ei frawd
Jacob: roedd ganddo efaill o'r enw Esau

Moses: cafodd ei roi mewn basged ar afon Nîl
Isaac: roedd yn fab i Abraham a Sara

Joseff: gwerthodd ei frodyr ef i fod yn gaethwas
Samuel: clywodd lais Duw yn galw arno yn y nos

1

2

3

4

5
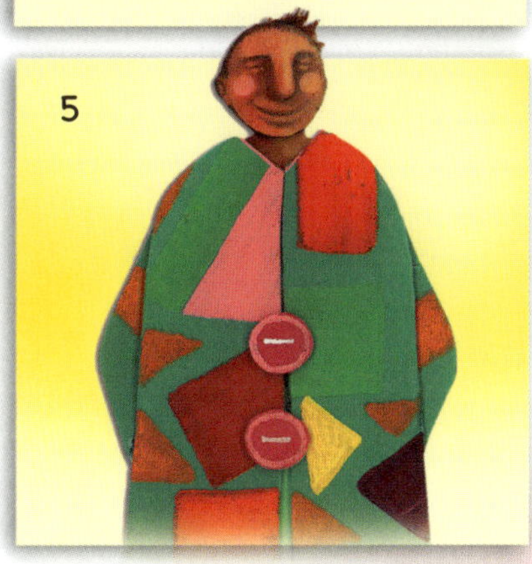

6

YDY ARIAN YN BETH DA?

Beth oedd agwedd Iesu tuag at arian? Ydy bod yn gyfoethog yn beth da? Neu ydy bod yn dlawd yn beth drwg?

'Un tro, roedd yna ddyn llwyddiannus iawn,' meddai Iesu. 'Roedd e mor gyfoethog nes penderfynu chwalu ei holl hen ysguboriau ac adeiladu rhai newydd sbon. "Pan fydd y gwaith ar ben," meddai'r dyn, "gallaf ymlacio a mwynhau fy holl gyfoeth."

'Ond cyn i'r gwaith orffen, bu farw'r dyn ac aeth ei holl gyfoeth i rywun arall. Am wastraff!' meddai Iesu. 'Ceisiwch fod yn fodlon ar yr hyn sy gennych chi. Peidiwch â bod yn farus; rhannwch eich eiddo gydag eraill. Mae llawer mwy i fywyd na bod yn fwy cyfoethog na'ch cymydog.'

CYFRI'R ARIAN

1 Sawl darn o arian sydd yn y bag canol?

2 Ym mha fag mae'r nifer lleiaf o ddarnau arian?

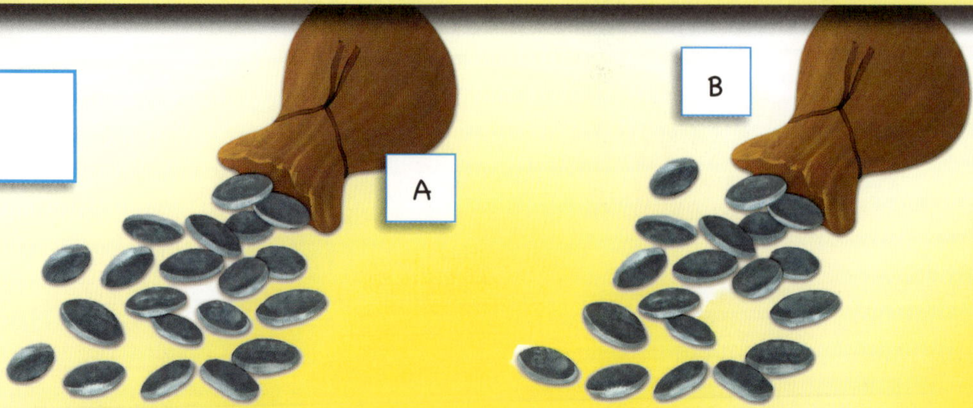

AILDREFNU'R LLYTHRENNAU

1 Meddai Iesu, ‘Peidiwch â bod yn **SURAF**.

2 'Rhannwch eich eiddo gydag **LIAIER**'.

C

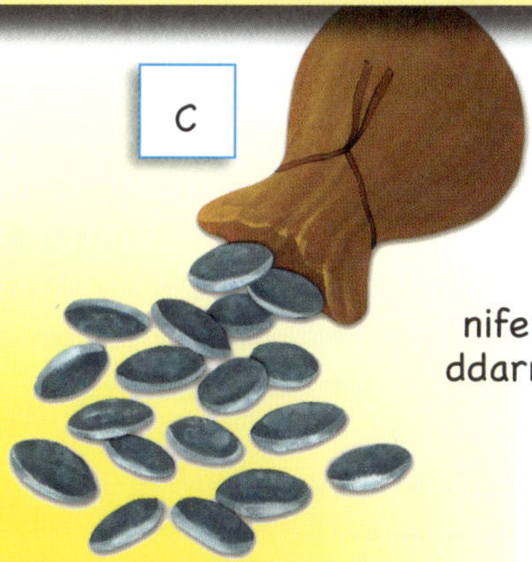

3 Ym mha fag mae'r nifer mwyaf o ddarnau arian?

Y DYN DALL

Pan aeth Iesu i Jericho, roedd llawer o bobl swnllyd yn tyrru o'i gwmpas. Ond, er yr holl sŵn, gallai Iesu glywed un llais yn galw arno am help.

'Pwy sy'n galw?' holodd Iesu. 'Dewch ag e yma.'

Dyn dall o'r enw Bartimeus oedd biau'r llais; eisteddai ar ochr y ffordd yn cardota. Gyda help rhai o'i ffrindiau, llwyddodd i wthio'i ffordd at Iesu.

'Sut galla i dy helpu di?' gofynnodd Iesu.

'Fe hoffwn i allu gweld,' atebodd y dyn. 'Does neb ond ti yn gallu fy helpu.'

'Agora dy lygaid,' meddai Iesu wrtho. 'Beth weli di?'

Agorodd Bartimeus ei lygaid led y pen a gwenu'n hapus. Am wyrth! Roedd Iesu wedi iacháu llygaid y dyn dall. O'r diwedd, roedd e'n gallu gweld . . . popeth!

SILWÉT

Pa silwét sydd yr un fath yn union â'r prif lun?

CHWILAIR

Mae'r atebion i'r cwestiynau isod yn y chwilair.

1 Ble'r oedd y dyn dall yn byw?
2 Sut oedd y dyn dall yn cael arian i fyw?
3 Pwy oedd yr unig berson allai helpu'r dyn dall i weld?
4 Beth oedd enw'r dyn dall?

A	H	T	U	R	B	D
E	A	C	S	T	A	Y
G	P	C	E	N	R	S
O	W	A	N	N	T	F
I	T	R	A	P	I	A
E	R	D	Y	N	M	S
S	E	O	L	R	E	D
U	E	T	R	C	U	B
S	Y	A	I	A	S	E
F	A	R	E	B	O	T
J	E	R	I	C	H	O

SYNAU

Rhowch y synau hyn mewn trefn, gan ddechrau gyda'r sŵn mwyaf distaw a gorffen gyda'r un mwyaf byddarol.

ci'n cyfarth
peiriant jet yn rhuo
gwenynen yn sïo
dyn yn siarad
drymiau'n taro

1

2

3

4

5

CUDDIO MEWN COEDEN

Teithiodd Iesu i Jericho, yn falch o weld cymaint o bobl yn aros amdano. Roedd tyrfaoedd ar hyd ochrau'r ffyrdd, a phawb yn awyddus i siarad ag e.

Ychydig bellter o'i flaen, gwelai Iesu ddyn yn dringo coeden ffigys. Roedd e'n ei adnabod – Sacheus, casglwr trethi a dyn roedd pawb yn ei gasáu. Roedd Iesu'n gwybod ei fod yn twyllo pobl ac yn dwyn oddi arnyn nhw.

Ond roedd Iesu'n gwybod hefyd bod Sacheus yn awyddus iawn i'w weld, a phan gyrhaeddodd fôn y goeden galwodd, 'Tyrd i lawr! Rydw i eisiau dod i dy dŷ di!'

Dechreuodd y dyrfa gwyno, ond roedd Sacheus wrth ei fodd! O'r diwrnod hwnnw ymlaen, roedd e'n ddyn cwbl wahanol – yn hael, yn onest ac yn garedig.

'Rydw i wedi dod er mwyn helpu pobl fel Sacheus,' meddai Iesu.

BETH SY'N CUDDIO YN Y GOEDEN?

Mae 6 anifail yn cuddio yn y goeden. Rhowch eu henwau yn y blychau isod.

DARNAU O'R POS

CWBLHAU'R BRAWDDEGAU

Roedd bywydau pobl yn newid ar ôl iddyn nhw gwrdd â Iesu. Tynnwch linell i gysylltu bob blwch pinc gyda'r blwch melyn cywir.

1 Sacheus	a Roedd e'n gallu cerdded eto.
2 Bartimeus	b Roedd e'n gallu clywed eto.
3 Jairus	c Daeth yn un o'r disgyblion.
4 Martha	ch Cafodd ei brawd ei godi o farw'n fyw.
5 Deg o ddynion	d Daeth yn gasglwr trethi gonest a hael.
6 Pedr	dd Roedd e'n gallu gweld eto.
7 Y dyn wedi'i barlysu	e Cawson nhw eu hiacháu o'r gwahanglwyf.
8 Y dyn byddar	f Gwelodd ef ei ferch yn cael ei hiacháu.

SUT I YMDDWYN

Meddai Iesu, 'Nid ein bywyd ni yma ar y ddaear ydy'r diwedd. Mae'n bwysig ein bod yn ystyried sut rydyn ni'n byw.

'Un diwrnod, bydd Duw'n edrych i weld pa ddefnydd wnaeth pawb o'u hamser ar y ddaear. Bydd e'n hapus gyda rhai pobl ac yn dweud, "Pan o'n i'n llwglyd, fe rannoch chi eich bwyd gyda mi. Pan oedd arna i angen dillad, fe roesoch rai i mi. Pan o'n i'n sâl yn yr ysbyty, fe ddaethoch i 'ngweld."

'Ond bydd Duw'n dweud wrth bobl eraill, "Dydych chi ddim wedi bod yn garedig. Pan welsoch fod arna i angen bwyd neu ddillad, fe droesoch i ffwrdd. Pan o'n i yn y carchar neu yn yr ysbyty, roeddech chi wastad yn rhy brysur i ddod i 'ngweld."

'A bydd y bobl yn gofyn, "Pryd, Dduw? Pryd wnaethon ni y pethau hyn?"

'Bydd Duw yn ateb, "Bob tro roeddech chi'n helpu rhywun, roeddech yn ei wneud drosof i. Ond bob tro roeddech chi'n cerdded i ffwrdd ac yn meddwl am neb ond chi eich hunain, ro'n innau hefyd yn dioddef." '

BOD YN GAREDIG

Cwblhewch y geiriau isod i ddangos dwy ffordd o fod yn garedig wrth eraill.

1 Rhannwch eich . . .

B

2 Ewch i weld pobl yn yr

Y

DATRYS Y COD

Ewch ati i ddatrys y cod isod ac ysgrifennu'r brawddegau llawn yn y blychau.

+ = a	# = e	* = i	< = o	• = u

1 C#rwch #*ch g#lyn*<n.

2 C<f*wch f<d yn g+r#d*g.

3 Rh<wch yn h+#l.

4 M+dd#•wch * b<bl.

ANRHEG ARBENNIG

Roedd Lasarus wedi trefnu gwledd ar gyfer Iesu a'i ffrindiau yn ei gartref ym Methania. O'u blaenau, ar fwrdd isel, roedd llwythi o ddanteithion roedd Martha wedi bod yn brysur yn eu paratoi.

Ar y dechrau, doedd neb wedi sylwi ar Mair, chwaer Lasarus a Martha. Penliniodd ar y llawr a thywallt cynnwys jar fechan dros draed Iesu. Golchodd y llwch i ffwrdd, yna defnyddio'i gwallt hir i sychu traed Iesu.

Llanwyd yr ystafell ag aroglau cryf, hyfryd. Trodd pawb i edrych ar Mair.

'Am wastraff!' wfftiodd Jwdas. 'Gallen ni fod wedi gwerthu'r persawr drud yna a rhoi'r arian i bobl dlawd.'

'Gadewch lonydd iddi,' atebodd Iesu gan wenu ar Mair. 'Mae hi wedi gwneud rhywbeth da a charedig. Fydda i ddim yma gyda chi am lawer o amser eto. Mae'r persawr yn anrheg arbennig.'

PWY DDAETH AG ANRHEGION?

Pwy arall ddaeth ag anrhegion arbennig i Iesu? Aildrefnwch y llythrennau i weld.

Y TIR RŴG

ThEOD O'R

YRWDNIA

....

....

....

ADNABOD YR ARIAN

Pa un o'r sachau isod sydd yr un fath yn union â'r sach ar frig y dudalen?

a

b

c

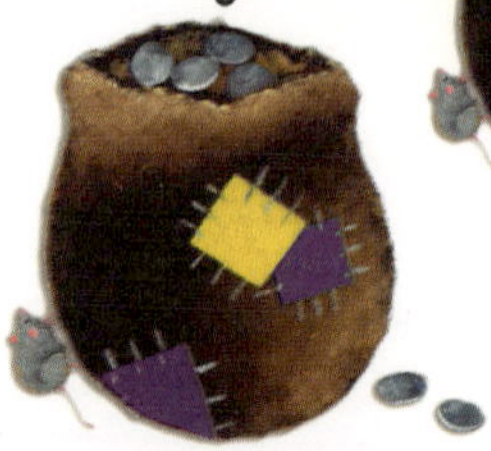

ch

PWY WNAETH BETH?

Yn y golofn ar yr ochr dde, mae dwy frawddeg sy'n dweud rhywbeth am bob un o'r enwau isod. Tynnwch linell i gyfateb yr enwau â'r brawddegau cywir.

Martha
Mair
Lasarus
Jwdas

1 Coginiodd hi lwythi o ddanteithion.
2 Hi oedd chwaer Mair.
3 Rhoddodd hi anrheg arbennig i Iesu.
4 Roedd e'n flin ac yn ddiflas.
5 Ef oedd yn gofalu am arian y disgyblion.
6 Golchodd hi draed Iesu.
7 Trefnodd e wledd ar gyfer Iesu a'i ffrindiau.
8 Er ei fod wedi marw, cododd Iesu e'n fyw eto.

BLE?

Ble digwyddodd pob un o'r pethau isod?

1 Ble roedd Iesu pan drodd y dŵr yn win?

CANADA ☐ CANA ☐ CYMRU ☐

2 Ble roedd Iesu pan fwydodd dros 5,000 o bobl gyda bara a physgod?

GAMBIA ☐ GWLAD PWYL ☐ GALILEA ☐

3 Ble roedd Iesu pan gafodd bryd o fwyd gyda Sacheus?

JERWSALEM ☐ JERICHO ☐ JAPAN ☐

4 Ble cynhaliodd Lasarus a'i chwiorydd wledd ar gyfer Iesu?

BETHESDA ☐ BETHANIA ☐ BANGOR ☐

PWY YDY IESU?

Roedd y dyrfa'n gwenu ac yn gweiddi'n hapus. Roedd rhai ohonyn nhw'n chwifio brigau palmwydd yn yr awyr, ac eraill yn taenu eu clogynnau dan draed yr asyn.

Beth yn y byd oedd yn digwydd? Pwy oedd yn marchogaeth i mewn i Jerwsalem ar gefn asyn?

'Iesu ydy e,' gwaeddodd rhywun yn y dyrfa, 'yr athro o Galilea mae pawb yn sôn amdano! Maen nhw'n dweud nad oes neb erioed wedi siarad am Dduw fel mae e'n ei wneud.'

'Welsoch chi e'n iacháu'r dyn dall?' gofynnodd rhywun arall.

'Naddo, ond fe glywais am wyrth lle bwydodd Iesu filoedd o bobl gyda chinio rhyw fachgen bach – ychydig o fara, a physgodyn neu ddau, dyna'r cyfan!'

'A beth am y deg gwahanglwyf? Yn ôl pob sôn, cawson nhw eu hiacháu a mynd yn ôl i fyw gyda'u teuluoedd.'

'Rhaid ei fod e yma ar gyfer y Pasg Iddewig, felly. Edrychwch – dyma fe'n dod! Clod i Iesu! Clod i Iesu, y brenin!'

GWELD Y GWAHANIAETH

Mae chwech o bethau gwahanol rhwng y ddau lun o Iesu'n marchogaeth yr asyn. Rhowch gylch o gwmpas pob un.

CHWILAIR

N	O	P	A	S	Y	N	A
Y	N	Y	S	A	P	T	S
S	R	B	Y	C	U	P	Y
A	S	Y	N	M	N	H	N

Sawl gwaith mae'r gair ASYN i'w weld yn y chwilair? Ysgrifennwch y rhif cywir yn y blwch.

GWYRTHIAU

Chwiliwch am yr atebion i'r tri chwestiwn isod yn y stori gyferbyn.

1 Roedd Iesu wedi iacháu . . .

2 Roedd Iesu wedi bwydo . . .

3 Roedd Iesu wedi iacháu deg . . .

ANHREFN LLWYR YN Y DEML

Gan fod Iesu yn Jerwsalem, roedd yn awyddus i fynd i'r deml i weddïo. Aeth yno gyda'i ddisgyblion – y deuddeg ffrind oedd wedi teithio i bobman gydag e ers rhai blynyddoedd.

Roedd cwrt y deml yn brysur, a chafodd Iesu fraw wrth weld y lle. Gwyliodd wrth i bobl brynu a gwerthu anifeiliaid i'w haberthu, fel petai'r deml yn ddim mwy na marchnad. Ac roedd Iesu'n gwybod bod pobl yn cael eu twyllo yno.

'Ewch allan ar unwaith!' gwaeddodd Iesu. 'Tŷ Duw ydy hwn – lle i weddïo, nid lle i bobl ddwyn oddi ar y tlodion!'

Dechreuodd pobl dyrru o gwmpas Iesu, yn gofyn iddo eu hiacháu. Eisteddodd plant bach wrth ei draed, yn gwrando'n astud arno'n sôn am Dduw.

Safodd yr arweinwyr crefyddol yn stond a syllu ar yr olygfa o'u blaenau. Roedden nhw mewn tymer ddrwg. 'Sut gall Iesu adael i bobl ei alw'n frenin, yn fab i Dduw ei hun?' gofynnon nhw.

CHWILAIR

Chwiliwch am bedwar gair sydd hefyd yn ymddangos yn y stori uchod.

P	D	D	C	R	D	I	E	S	U	P	E
Y	S	A	B	E	R	TH	U	D	E	A	W
A	F	I	T	E	M	L	E	W	Y	U	P
R	E	D	E	T	C	G	W	E	DD	Ï	O

SAWL DISGYBL?

Sawl disgybl oedd gan Iesu?

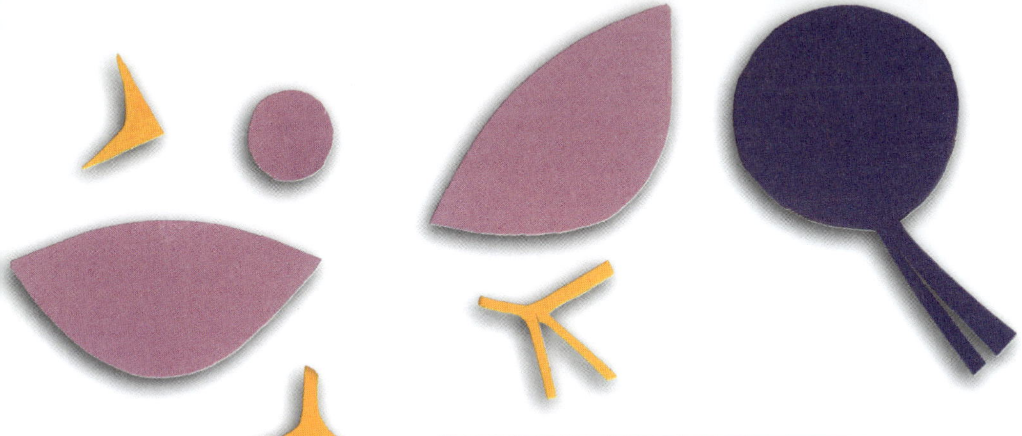

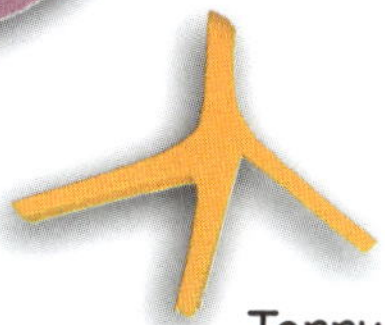

CARDIAU PASG

Torrwch siapiau syml fel y rhain allan o gerdyn lliwgar neu ffelt, a chreu eich cerdyn Pasg arbennig eich hun.

IESU A'I FFRINDIAU

Bob dydd, roedd pobl yn dilyn Iesu i'r deml gan ofyn cwestiynau iddo am Dduw, ac roedd yntau'n eu hateb.

Erbyn y dydd Iau, roedd Iesu'n awyddus i fod ar ei ben ei hun gyda'i ffrindiau. Aethon nhw i gael pryd o fwyd mewn stafell ar lawr cyntaf tŷ yn Jerwsalem.

Cyn cael bwyd, roedd gwas fel arfer yn golchi traed llychlyd, blinedig y dynion. Ond y noson honno, dechreuodd Iesu wneud y dasg ei hun. 'Pam wyt ti'n golchi'n traed ni?' holodd Pedr. 'Rwyt ti'n berson llawer rhy bwysig i wneud y fath beth!'

'Rydw i am i chi ofalu am eich gilydd,' atebodd Iesu. 'Os bydd pobl yn eich gweld yn gwneud hynny, byddan nhw'n gwybod eich bod chi'n arbennig – a'ch bod yn ffrindiau i mi.'

PA FFRWYTH?

Yn y blychau isod, enwch y tri ffrwyth yn y llun.

1 2 3

1

2

3

SAWL UN?

Edrychwch ar y llun uchod, ac ysgrifennu'r atebion i'r cwestiynau yn y blychau.

a Sawl person sy'n aros i gael golchi'u traed?

b Sawl person sy'n gwisgo sandalau?

c Sawl person sy'n gwisgo mwy nag un lliw?

ch Roedd gan Iesu 12 ffrind arbennig. Sawl un sydd ar goll o'r llun?

Y SWPER OLAF

'Cerwch eich gilydd, fel rydw i wedi'ch caru chi,' meddai Iesu.

'Rydw i'n fodlon gwneud unrhyw beth i ti,' meddai Pedr.

'Wyt ti, Pedr? Wir?' Ysgydwodd Iesu ei ben yn drist. 'Bore fory, cyn i'r ceiliog ganu, fe fyddi di wedi dweud dair gwaith nad wyt ti hyd yn oed yn fy 'nabod i.

'Fydda i ddim gyda chi am lawer o amser eto,' aeth Iesu yn ei flaen. 'Cyn hir, byddaf yn mynd i dŷ fy Nhad. Yno, byddaf yn paratoi lle i chi i gyd – mae 'na ddigonedd o le i bawb!'

Tra oedd Iesu'n siarad, sleifiodd Jwdas allan o'r ystafell. Roedd e wedi penderfynu bradychu Iesu i'r arweinwyr crefyddol – am ffi o 30 darn o arian.

'Hwn ydy fy nghorff,' meddai Iesu gan godi darn o fara. 'A hwn ydy fy ngwaed,' ychwanegodd gan godi cwpanaid o win. Rhannodd y bara a'r gwin gyda'i ffrindiau. 'Cofiwch hyn bob tro y byddwch yn bwyta ac yn yfed gyda'ch gilydd,' meddai.

CWBLHAU'R GEIRIAU

Pa ddau beth rannodd Iesu gyda'i ffrindiau yn y swper olaf?

b ___ ___ ___

a

g ___ ___ ___

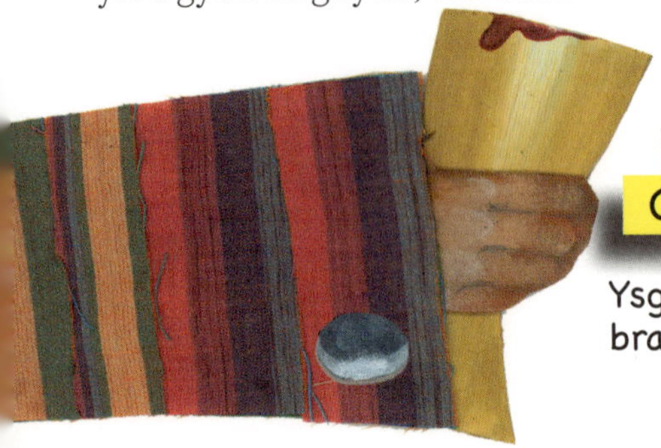

CYWIR NEU ANGHYWIR?

Ysgrifennwch 'Cywir' neu 'Anghywir' yn y blwch ar ddiwedd pob brawddeg.

1 Roedd Iesu'n mynd i Galilea.

2 Roedd Iesu'n mynd i dŷ Duw yn y nefoedd.

3 Does dim lle i bawb yn y nefoedd.

AILDREFNU'R LLYTHRENNAU

Pa ddau ddyn oedd wedi siomi Iesu?

1 J D W S A

2 E D P R

DYLUNIO DARN O ARIAN

Tynnwch lun wyneb ar y darn arian gwag isod, ac ychwanegu'r dyddiad a'i werth.

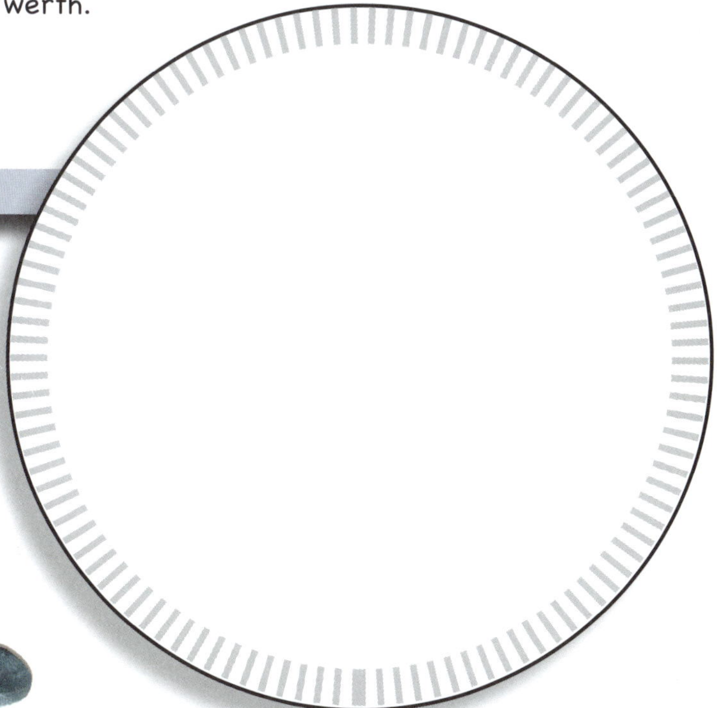

BLE MAE'R ARIAN?

Mae 30 darn o arian i fod yn y bag, ond mae rhai ohonyn nhw ar goll. Chwiliwch am yr arian ar y ddwy dudalen yma, a rhoi cylch o gwmpas bob darn.

IESU'N GWEDDÏO YN YR ARDD

Ar ôl i bawb orffen bwyta, aeth Iesu gyda'i ffrindiau i ardd ar lethrau Mynydd yr Olewydd. Gofynnodd iddyn nhw gadw golwg allan tra oedd e'n mynd i weddïo.

Roedd Iesu'n teimlo'n drist iawn. 'Helpa fi, o Dduw,' meddai. 'Rwy'n gwybod y bydda i, yn fuan iawn, yn gorfod dioddef a marw. Helpa fi i fod yn ddewr, oherwydd rydw i'n ofnus iawn. Os oes 'na unrhyw ffordd arall o helpu'r bobl rwyt ti'n eu caru, dweda wrtha i nawr – paid â 'ngorfodi i wneud hyn os oes 'na ddewis arall.'

Ar ôl gweddïo, aeth Iesu'n ôl at ei ffrindiau – ond roedden nhw i gyd yn cysgu'n drwm. Teimlai Iesu'n fwy trist fyth. 'Deffrwch!' meddai wrthyn nhw. Ond erbyn hyn roedd yn rhy hwyr.

SAWL UN?

1 Sawl dyn sy'n cadw golwg ar yr ardd?

2 Sawl coeden sydd yn yr ardd?

3 Sawl dyn sydd â gorchudd dros ei ben?

4 Sawl dyn sy'n gwisgo dillad glas?

LLYTHYREN AR GOLL

Pa lythyren sydd ar goll yn y frawddeg isod? Ailysgrifennwch hi'n llawn.

r ôl i bwb orffen bwyt, eth Iesu gyd'i ffrindiu i rdd r lethru Mynydd yr Olewydd.

CYWIR NEU ANGHYWIR?

Ydy'r brawddegau isod yn gywir neu'n anghywir? Ticiwch neu croeswch y blwch ar ddiwedd pob un.

1 Aeth Iesu â'i ffrindiau i ardd a choed olewydd yn tyfu ynddi.

2 Roedd Jwdas gydag e, yn cadw golwg ar y lle.

3 Roedd ffrindiau Iesu'n methu'n lân â chadw'n effro.

YSGRIFENNU GWEDDI

Roedd Iesu'n teimlo'n drist, felly gofynnodd i Dduw ei helpu i fod yn ddewr. Ysgrifennwch chi eich gweddi eich hun yn y blwch isod. Dywedwch wrth Dduw beth sy'n eich poeni chi.

JWDAS YN BRADYCHU IESU

Roedd tyrfa o ddynion swnllyd, blin, yn cerdded tuag at Iesu a'i ffrindiau. Yn llaw pob un roedd pastwn neu gleddyf, ac ar flaen y fintai roedd neb llai na . . . Jwdas.

'Fy Meistr,' meddai Jwdas gan gusanu Iesu ar ei foch. Hwn oedd yr arwydd roedd Jwdas wedi'i drefnu ymlaen llaw fel bod y milwyr yn gwybod pwy oedd Iesu.

Rhuthrodd y milwyr tuag at Iesu a'i arestio. Syllodd y disgyblion mewn braw ar yr olygfa. Rhedodd pob un ohonyn nhw i ffwrdd, gan adael Iesu ar ei ben ei hun.

Cafodd Iesu ei lusgo gan y milwyr i gartref yr Archoffeiriad i gael ei holi. Roedd hi'n noson hir.

CWIS

Ysgrifennwch yr atebion i'r cwestiynau isod yn y blychau gwag.

1 Beth oedd y dynion blin yn eu cario?

2 Sut aeth Jwdas ati i gyfarch Iesu?

3 Beth wnaeth y disgyblion eraill?

GWELD Y GWAHANIAETH

Fedrwch chi ddod o hyd i bum peth sy'n wahanol rhwng y ddau lun? Rhowch gylch o gwmpas pob gwahaniaeth.

JIG-SO

Rhifwch y darnau jig-so isod i ddangos ble maen nhw'n ffitio yn y llun mawr.

PEDR YN GWADU IESU

Yn y cyfamser, roedd Pedr wedi dilyn y dyrfa ac yn stelcian y tu allan i dŷ'r Archoffeiriad i weld beth fyddai'n digwydd nesaf.

'Roeddet ti gyda Iesu gynnau, on'd oeddet ti?' holodd rhyw was.

'Rwyt ti'n un o griw Iesu, on'd wyt ti?' holodd un arall.

'Rwyt ti hyd yn oed yn siarad yn debyg iddo,' meddai trydydd gwas.

'Na! Na! Na!' mynnodd Pedr. 'Does gen i ddim syniad am beth rydych chi'n sôn.'

Ac yna, yn sydyn, canodd y ceiliog. Roedd y bore wedi gwawrio.

OEDD NEU NAC OEDD?

Cafodd Iesu ei holi drwy gydol y nos.
Atebwch 'Oedd' neu 'Nac Oedd' i bob cwestiwn isod.

1 Oedd Iesu wedi cael ei anfon oddi wrth Dduw?

2 Oedd Iesu wedi gwneud unrhyw beth o'i le?

3 Oedd Iesu'n haeddu cael ei roi i farwolaeth?

COLLI LLAIS

Mae'r ceiliog wedi colli'i lais! Tynnwch linell i gysylltu'r llun o'r ceiliog â'r llais cywir.

SAWL GWAITH?

Sawl gwaith y gwnaeth Pedr wadu Iesu cyn i'r ceiliog ganu y bore hwnnw?

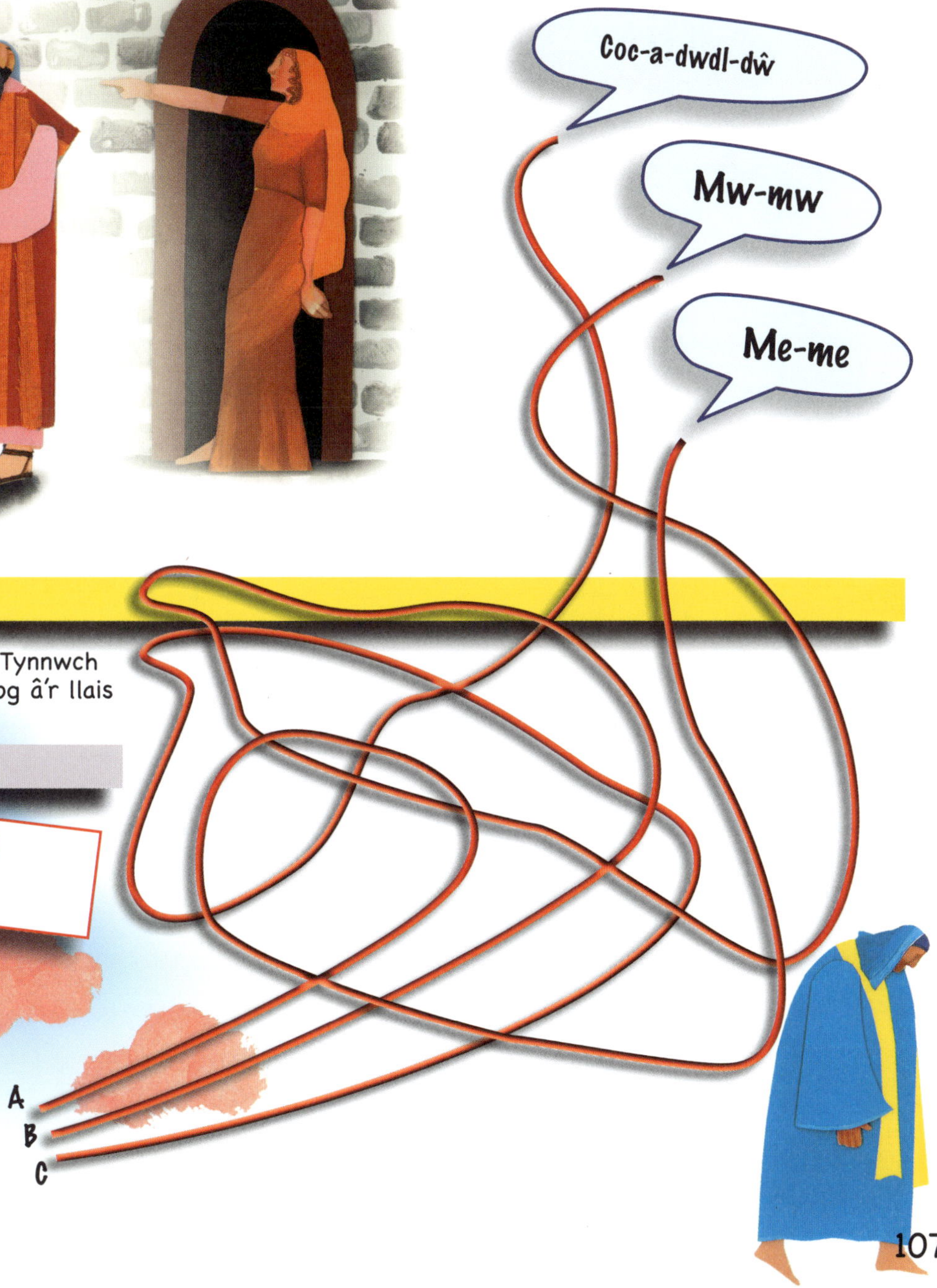

Y DYRFA FLIN

CYWIR NEU ANGHYWIR?

Ar ôl darllen y brawddegau isod, ysgrifennwch 'cywir' neu 'anghywir' yn y blychau.

1 Roedd ar Pilat ofn y dyrfa.

2 Roedd yr arweinwyr crefyddol yn meddwl y byd o Iesu.

3 Roedd y dyrfa wedi cael ei llwgrwobrwyo.

Dyn o'r enw Pilat oedd y Llywodraethwr Rhufeinig. Roedd e wedi clywed am Iesu ac yn gwybod bod yr arweinwyr crefyddol yn awyddus i'w weld yn marw. Ond beth oedd Iesu wedi'i wneud o'i le?

Penderfynodd fynd i siarad â rhai o'r dyrfa flin oedd yn aros y tu allan. 'Mae'n ddydd gŵyl heddiw,' meddai, 'ac mae gen i hawl i ryddhau un carcharor. Ond pwy ddylwn i ei adael yn rhydd – y dyn hwn, Iesu o Nasareth, neu Barabbas, y llofrudd?'

Roedd yr arweinwyr crefyddol wedi llwgrwobrwyo'r dyrfa o flaen llaw, felly gwaeddodd pawb, 'Barabbas! Barabbas ddylai gael ei ryddhau!'

'Ond beth ddylwn i ei wneud gyda Iesu?' holodd Peilat.

'Ei groeshoelio! Ei groeshoelio!' oedd yr ateb.

Edrychodd Pilat ar yr wynebau cas o'i flaen. Yna edrychodd ar Iesu. 'Ewch ag e oddi yma,' meddai wrth y milwyr.

PWY OEDD PWY?

Tynnwch linell yn cysylltu pob blwch glas gyda'r blwch melyn cywir.

a Pilat oedd . . .

b Roedd y dyrfa'n . . .

c Roedd Barabbas yn . . .

ch Roedd Iesu'n . . .

1 flin.

2 ddieuog.

3 y Llywodraethwr Rhufeinig.

4 llofrudd.

Ydych chi'n credu y dylai Iesu fod wedi cael ei ryddhau? Ticiwch y blwch os mai 'Ydw' yw eich ateb. ☐

IESU'N MARW AR Y GROES

Cafodd Iesu ei gludo i ffwrdd yn ddiseremoni gan y milwyr. Lapiwyd clogyn amdano, a rhoddwyd ffon yn ei law. Gwnaeth y milwyr goron allan o ddrain pigog, a'i gwasgu ar ei ben. 'Ha ha!' chwarddodd y milwyr. 'Dyma ti, y "Brenin Iesu"!' Yna dechreuon nhw guro Iesu'n greulon.

'Cod ar dy draed,' gorchmynnodd un o'r milwyr o'r diwedd. 'Cydia yn dy groes a'i chario.' Gorfodwyd Iesu i'w chario i'r fan lle'r oedd dynion drwg yn cael eu crogi. Ac yno, rhwng dau leidr, croeshoeliwyd Iesu.

Roedd Mair mam Iesu, ac Ioan, un o'i ddisgyblion, yn torri'u calonnau wrth wylio Iesu'n dioddef.

'Gofala ar ôl Mam drosof i,' meddai Iesu wrth Ioan. Ac meddai wrth ei fam, 'Rydw i am i ti ystyried Ioan yn fab i ti.'

Oriau lawer yn ddiweddarach, tynnodd Iesu ei anadl olaf. 'Gorffennwyd!' sibrydodd.

Yna, er mwyn gwneud yn siŵr bod Iesu wedi marw, gwthiodd un o'r milwyr gleddyf i mewn i'w ochr.

PWY OEDD PWY?

Pan oedd Iesu ar y groes, dywedodd wrth ddau berson am ofalu am ei gilydd. Ysgrifennwch eu henwau yn y blychau isod.

DILYN Y DOTIAU

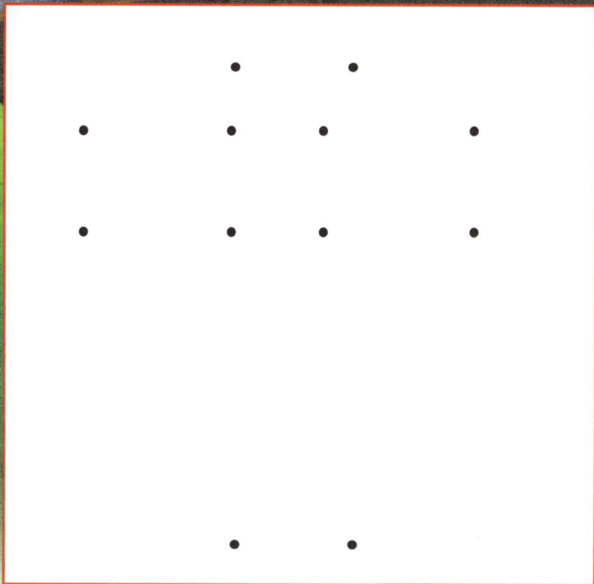

Fedrwch chi ffurfio siâp croes trwy gysylltu'r dotiau yn y blwch uchod?

CHWILAIR

M	H	A	E	G	N	F
A	O	P	D	M	T	H
G	CH	T	W	S	R	U
H	R	E	Y	O	A	I
P	E	B	L	W	E	O
E	B	T	O	N	D	P

Yn y chwilair isod, nodwch y tri man lle clwyfwyd Iesu.

GWELD Y GWAHANIAETH

Mae dau o'r milwyr isod yn gwisgo dilledyn gwahanol i'r gweddill. Nodwch y ddau rif cywir yn y blychau.

CLADDU IESU

'Rydw i'n methu credu beth sydd wedi digwydd!' meddai ffrindiau Iesu wrth ei gilydd. 'Ddoe roedd e yma gyda ni, yn fyw ac yn iach. A nawr mae e wedi marw!'

Roedd un o ddilynwyr Iesu wedi prynu bedd ar ei gyfer ef ei hun; math o ogof mewn gardd greigiog oedd y bedd. Gofynnodd i Pilat, 'Gawn ni dynnu corff Iesu oddi ar y groes a'i gladdu cyn nos?' 'Cewch,' cytunodd Pilat.

Lapiodd ffrindiau Iesu ei gorff mewn cynfas glân a'i osod yn y bedd. Yna, rholiwyd carreg drom dros y fynedfa.

Roedd rhai o'r merched oedd yn ffrindiau i Iesu wedi dilyn y dynion, er mwyn gweld ble roedd y bedd.

CHWILAIR YR ANIFEILIAID

C	W	T	N	B
I	L	D	M	E
T	A	B	S	N
O	T	R	W	E
N	E	O	M	I
F	R	G	C	D
P	D	A	O	R

Chwiliwch am yr atebion i'r tri chwestiwn isod, a'u hysgrifennu yn y blychau.

a Pa anifail sy'n cysgu?

b Pa anifail sy'n wyrdd?

c Pa greadur sydd heb goesau?

CREADURIAID

1 Pa ddau greadur yn y llun sy'n gallu hedfan? Rhowch eu henwau yn y blychau.

2 Pa ddau greadur yn y llun sy'n gallu neidio? Rhowch eu henwau yn y blychau.

BORE'R PASG CYNTAF

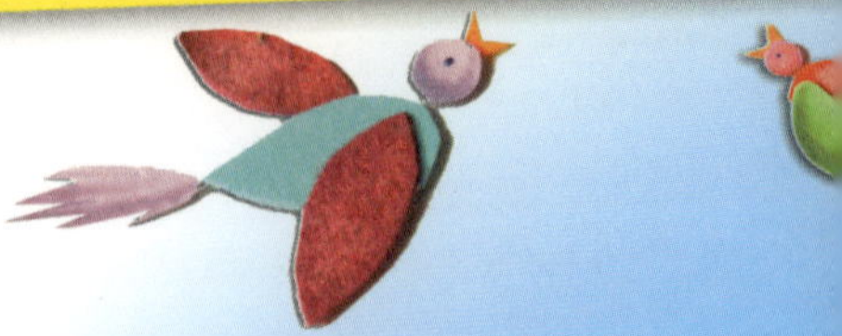

Dydd Sul oedd y diwrnod canlynol. Diwrnod o orffwys oedd e fel arfer, ond yn gynnar iawn y bore hwnnw aeth gwraig o'r enw Mair i'r ardd i weld lle'r oedd Iesu wedi'i gladdu.

Pan welodd fod y garreg drom wedi cael ei symud, safodd Mair o flaen y bedd a sbecian i mewn. Ond doedd corff Iesu ddim yno – roedd y bedd yn wag!

Roedd Mair wedi cael braw, a chan feichio crio brysiodd i ddweud wrth Pedr ac Ioan bod rhywun wedi dwyn corff Iesu. Aeth y ddau'n ôl gyda hi at y bedd i weld drostynt eu hunain, gan adael Mair ar ei phen ei hun.

Ond roedd rhywun arall yn yr ardd, a meddyliodd Mair mai'r garddwr oedd e. Syllodd arno drwy ei dagrau.

'Mair,' meddai'r dyn mewn llais caredig.

'Iesu!' meddai Mair mewn rhyfeddod. Roedd hi wedi adnabod ei lais ar unwaith. A dyma fe – yn fyw!

BLODAU'R ARDD

Lliwiwch y blodau yn y llun gyferbyn.

CHWILAIR

Mae enwau pedwar blodyn wedi eu cuddio yn y chwilair. Fedrwch chi ddod o hyd iddyn nhw?

A	S	O	R	B	R	I	A	LL	U	I	L	T	W	RH
S	Y	I	E	G	B	U	D	E	T	R	I	S	P	O
D	O	T	D	H	U	G	R	C	T	U	L	M	O	S
I	L	A	F	A	N	T	O	T	C	M	I	C	S	Y
S	O	T	R	U	C	L	I	P	I	N	G	W	A	N

MAE IESU'N FYW!

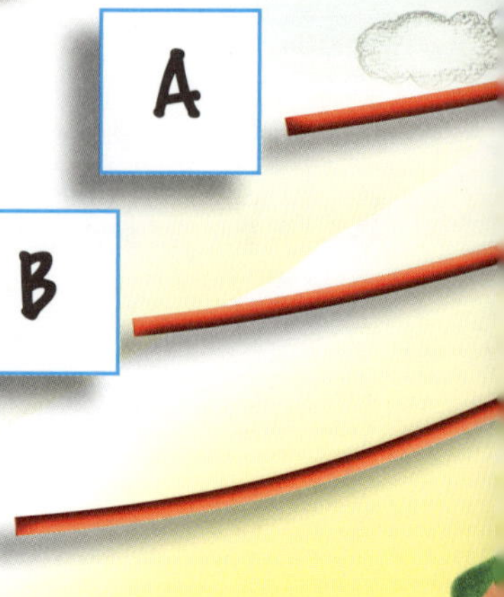

PA FFORDD?

Pa ffordd sy'n arwain i Emaus? Ysgrifennwch A, B neu C yn y blwch.

Roedd dau o ffrindiau Iesu'n cerdded ar hyd y ffordd o Jerwsalem i bentref o'r enw Emaus. Siaradai'r ddau'n ddi-baid am y pethau rhyfedd oedd wedi digwydd yn ddiweddar.

Daeth dyn arall i gerdded gyda nhw. 'Am beth y'ch chi'n sôn?' holodd.

'Dy'ch chi ddim wedi clywed am Iesu?' atebodd y ddau. 'Mae e wedi bod yn helpu pobl a'u hiacháu. Dywedodd y cyfan wrthon ni am gariad Duw. Ond fe gafodd ei groeshoelio – a rydyn ni newydd glywed bod pobl wedi'i weld e. Roedd e'n fyw, wedi codi o'r bedd!'

Dechreuodd y dyn esbonio pam bod yn rhaid i Iesu farw – dyna'r unig ffordd y byddai pobl yn cael maddeuant am wneud pethau drwg. Oherwydd hynny, roedd Duw wedi codi Iesu o farw'n fyw.

'Ddewch chi i gael pryd o fwyd gyda ni?' gofynnodd y ddau ddisgybl i'r dyn.

Wrth iddo fendithio'r bara, sylweddolodd y ddau nad dieithryn oedd y dyn – Iesu ei hun oedd e!

CWIS

1 Sawl ffrind welodd Iesu wrth deithio ar y ffordd i Emaus?

2 O ble'r oedd y ffrindiau'n teithio?

3 Esboniodd y dyn fod yn rhaid i Iesu farw. Pam?

4 Pwy oedd y dieithryn ar y ffordd?

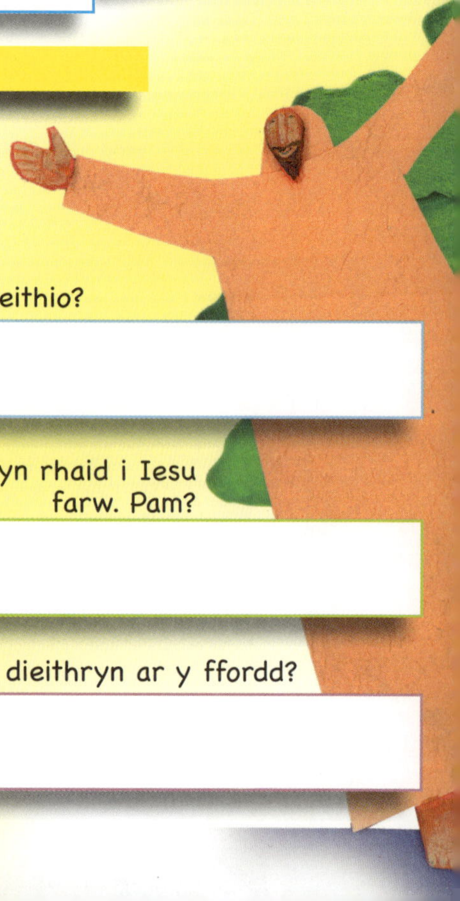

Y DISGYBLION YN CWRDD Â IESU

Roedd y disgyblion yn swatio gyda'i gilydd yn ofnus, mewn ystafell dan glo.

Yna, yn sydyn, roedd Iesu gyda nhw! 'Peidiwch ag ofni,' meddai. 'Ie, fi sy yma. Ro'n i wedi marw – ond nawr rwy'n fyw eto! Edrychwch . . .'

Dangosodd Iesu'r doluriau ar ei ddwylo, ei draed a'i ochr iddyn nhw. 'Nawr, fe hoffwn i gael rhywbeth i'w fwyta,' meddai.

Doedd Thomas ddim yno pan ddaeth Iesu atyn nhw. Roedd e'n gwrthod credu'r disgyblion eraill! 'Fedra i ddim credu os na wela i e â'm llygaid fy hun,' meddai.

Wythnos yn ddiweddarach, daeth Iesu at y disgyblion eto – a'r tro hwn roedd Thomas yno hefyd.

'Dyma fi, Thomas,' meddai Iesu. 'Nawr wyt ti'n credu mod i'n fyw?'

Edrychodd Thomas arno – a chredu!

CWIS

1 Sawl dolur oedd gan Iesu ar ei gorff?

2 Pwy oedd yn cael trafferth credu mai Iesu oedd e?

3 Pa ddau ddisgybl oedd bellach wedi gadael y gweddill?

GWELD Y GWAHANIAETH

Mae yna bum peth yn wahanol rhwng y ddau lun isod.
Tynnwch saeth rhwng y gwahaniaethau a'r rhifau.

1 2 3 4 5

CYFATEB Y SIAPIAU

Ticiwch y siapiau sy'n cyfateb i'r rhai yn y prif lun.

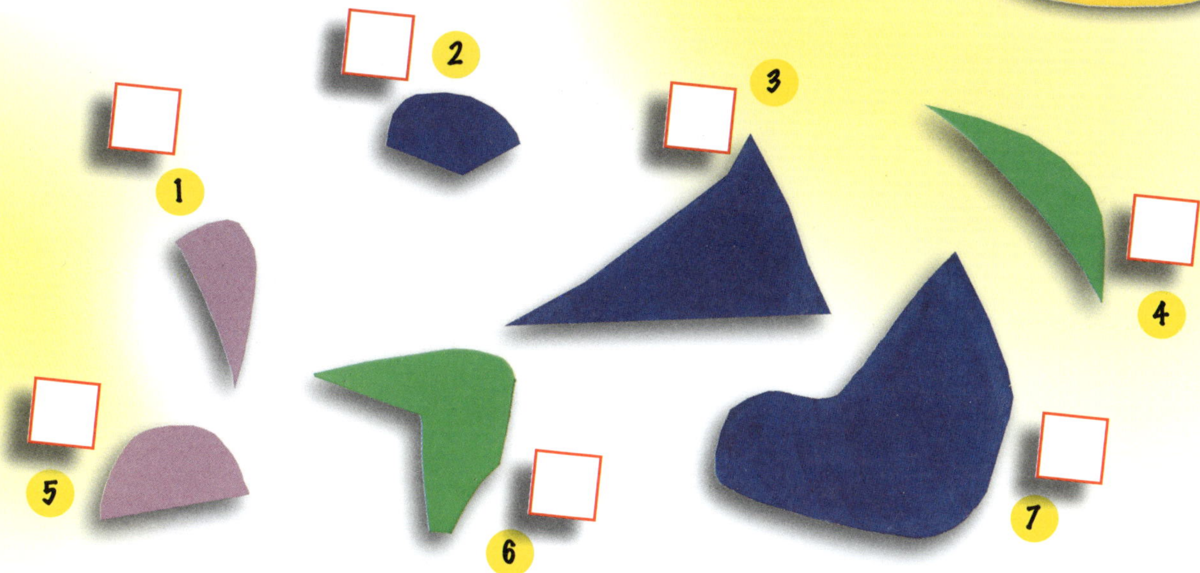

BRECWAST GYDA IESU

'Beth am i ni fynd i bysgota?' meddai Pedr wrth ei ffrindiau un noson.

Treuliodd saith o'r disgyblion noson dawel ar Lyn Galilea, ac erbyn y bore doedden nhw ddim wedi dal yr un pysgodyn. Safai dyn ar y lan, yn gwylio'r cwch yn dod i mewn. 'Taflwch eich rhwyd dros ochr dde'r cwch!' gwaeddodd ar y pysgotwyr.

Yn sydyn, roedd y rhwyd mor llawn o bysgod nes ei bod bron yn rhy drwm i'w chodi. Yn sydyn, sylweddolodd y disgyblion mai Iesu oedd y dyn ar y lan!

Roedden nhw wedi ei weld yn cael ei groeshoelio, yn marw, ac yna ei gladdu – ond dyma fe, Iesu, yn eistedd gyda nhw ar lan y llyn yn bwyta bara a physgod.

CWIS

Yn y blychau, ysgrifennwch pa ddau fwyd fu Iesu'n eu rhannu gyda'i ffrindiau.

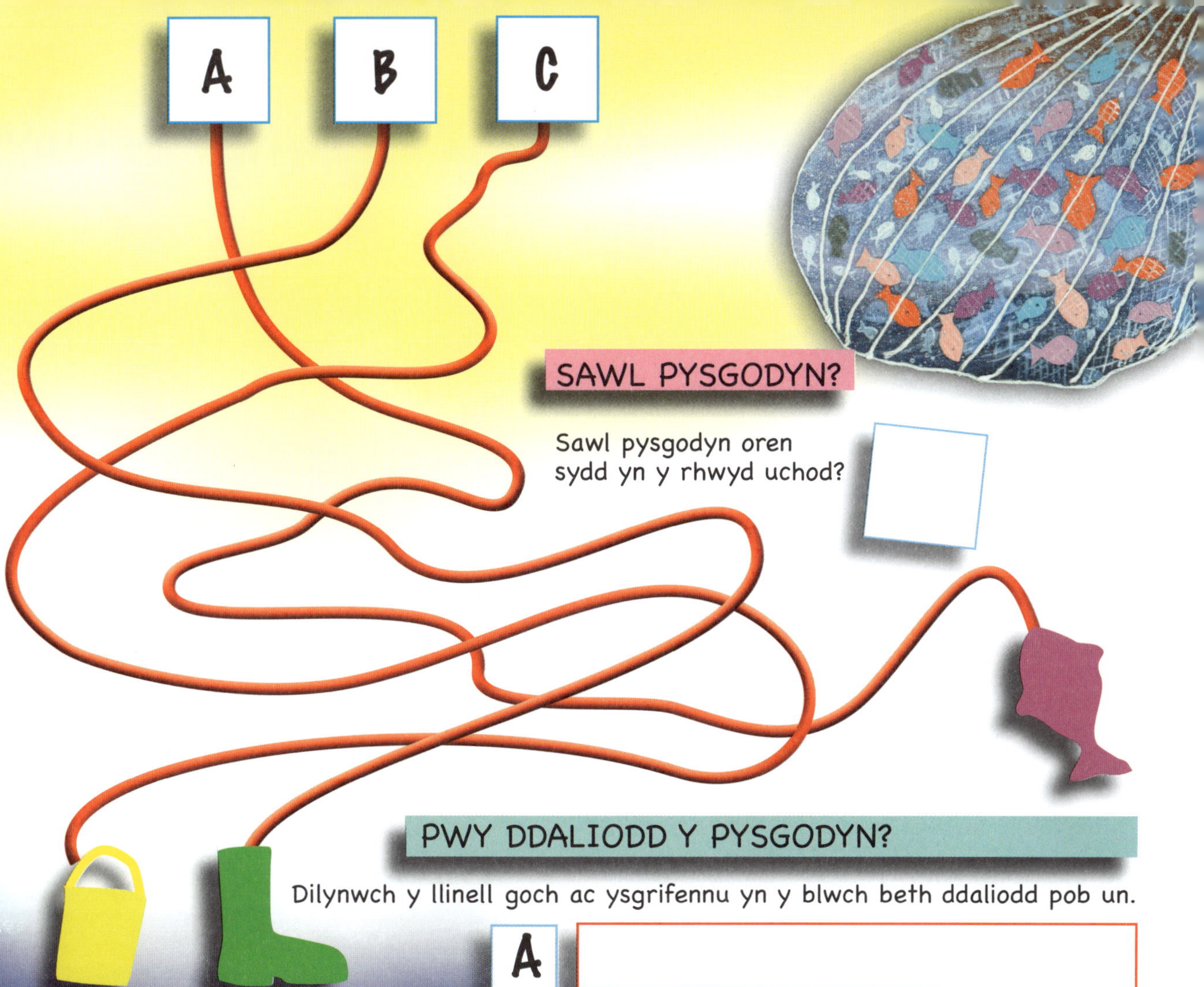

SAWL PYSGODYN?

Sawl pysgodyn oren sydd yn y rhwyd uchod?

PWY DDALIODD Y PYSGODYN?

Dilynwch y llinell goch ac ysgrifennu yn y blwch beth ddaliodd pob un.

A

B

C

IESU'N CODI I'R NEFOEDD

Dros y 40 diwrnod nesaf, treuliodd Iesu lawer o amser gyda'i ddisgyblion a'i ffrindiau. Ambell dro, roedd tyrfa fawr yn casglu o'i gwmpas i wrando arno'n siarad am Dduw. Doedd neb yn amau am eiliad mai Iesu oedd e, wedi codi o farw'n fyw.

Y tro olaf i Iesu gwrdd â'i ddisgyblion, rhoddodd neges glir iddyn nhw.

'Ewch allan i'r byd,' meddai. 'Rydw i am i chi fedyddio pobl o bob gwlad dan haul, a'u dysgu am y pethau y dywedais i wrthoch chi. Byddaf bob amser wrth law i'ch helpu.'

Yna gadawodd Iesu ei ddisgyblion, a mynd yn ôl i'r Nefoedd at Dduw.

CWBLHAU'R BRAWDDEGAU

Tynnwch linell rhwng pob blwch yn y golofn dde a'r blwch cywir yn y golofn chwith.

1 Roedd tyrfaoedd o bobl wedi gweld Iesu ar ôl iddo

2 Dywedodd Iesu, 'Rydw i am i chi fedyddio pobl

3 Ychwanegodd Iesu, 'Byddaf bob amser

4 Gadawodd Iesu ei ddisgyblion a mynd yn ôl

5 Dysgodd Iesu ei ddisgyblion

a i'r Nefoedd at Dduw.

b wrth law i'ch helpu.'

c o bob gwlad dan haul.

ch i garu ei gilydd.

d godi o farw'n fyw.

LLENWI'R BYLCHAU

Dim ond pump o'r darnau jig-so hyn sy'n ffitio yn y llun isod. Rhowch y rhif cyfatebol yn y blychau ger y pum darn sy'n ffitio, a chroes yn y blychau ger y darnau eraill.

YR YSBRYD GLÂN

Roedd Iesu wedi rhoi neges i'w ffrindiau. 'Ewch i Jerwsalem,' meddai. 'Bydd yr Ysbryd Glân yn dod i'ch helpu.'

Felly, ar Ŵyl y Pentecost, arhosodd y disgyblion yn amyneddgar. Yn sydyn, daeth yr Ysbryd Glân atyn nhw ar ffurf gwynt a thân. Roedd Iesu wedi addo y byddai'n eu helpu – nawr roedden nhw'n gweld ei fod yn dweud y gwir.

Cododd Pedr ar ei draed yn ddewr, a siarad â thyrfa fawr o bobl. Roedd miloedd yn credu y byddai Duw yn maddau eu pechodau oherwydd bod Iesu wedi marw yn eu lle ar y groes.

Wrth i bobl glywed y newyddion bod Iesu wedi marw, ac wedi atgyfodi ar Sul y Pasg, daeth miloedd lawer yn Gristnogion.

DISGRIFIO

Fel beth y daeth yr Ysbryd Glân at y disgyblion? Cwblhewch y ddau air isod.

g .... a

th ....

CYFATEB Y SIAPIAU

Rhowch y llythyren gywir yn y blychau i ddangos ymhle mae pob gorchudd pen yn perthyn.

PA ADERYN?

Mae'r Beibl weithiau'n disgrifio'r Ysbryd Glân fel math arbennig o aderyn, ac mae artistiaid yn aml yn ei ddarlunio felly. Pa aderyn yw e?

C ....

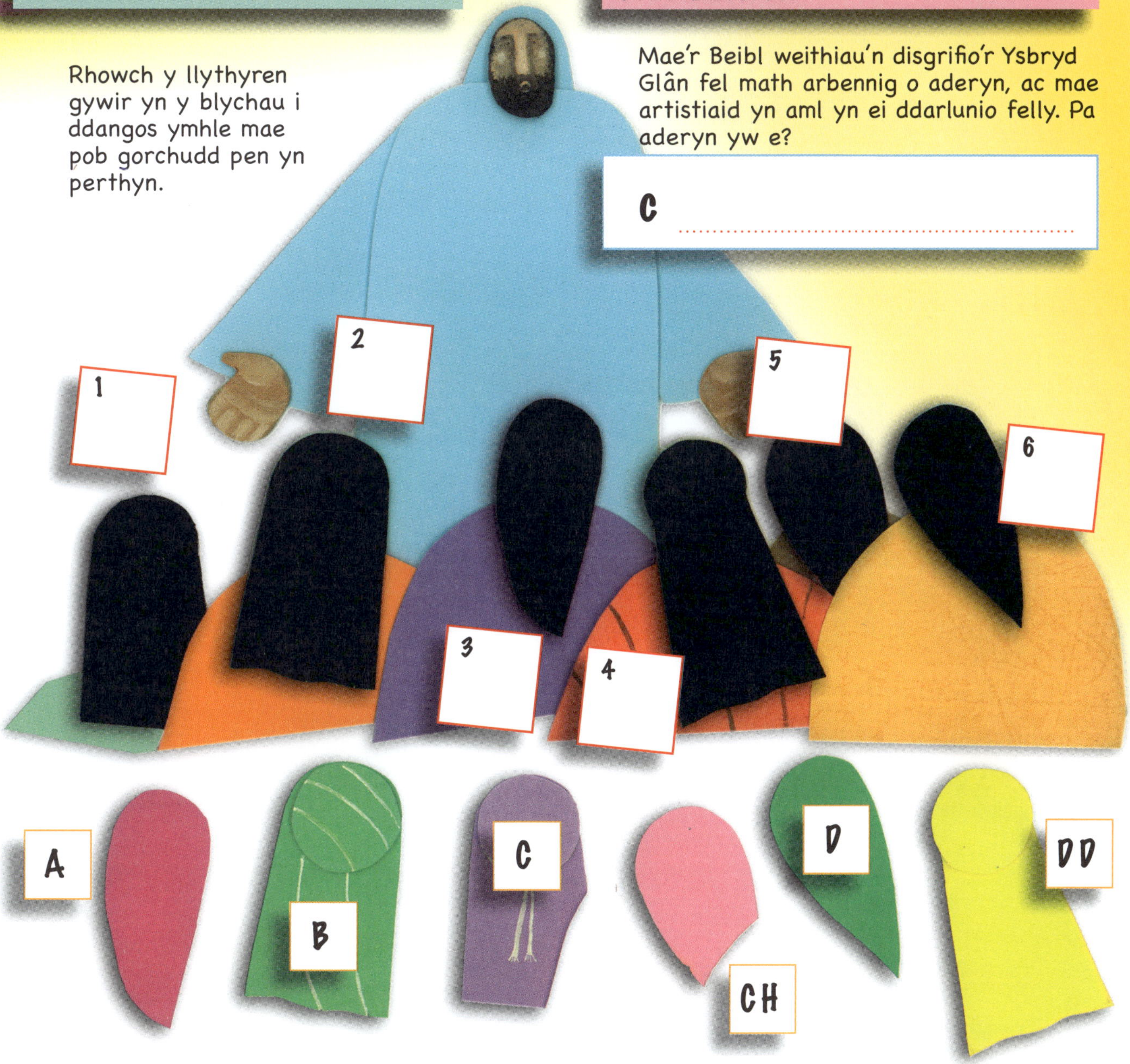

Y GALLU I IACHÁU

Dysgodd y Cristnogion newydd sut i garu, fel roedd Iesu wedi dangos iddyn nhw. Roedden nhw'n rhannu eu holl eiddo ag eraill.

Roedd ffrindiau Iesu hefyd yn gallu iacháu pobl. Un diwrnod, cawson nhw eu stopio gan ddyn cloff y tu allan i'r deml. 'Oes ganddoch chi ychydig o arian i'w sbario?' gofynnodd.

'Does ganddon ni ddim arian,' meddai Pedr wrtho, 'ond mae Iesu wedi rhoi'r gallu i ni dy iacháu di.'

Wrth i Pedr siarad, cododd y dyn cloff ar ei draed a dechrau cerdded.

'Edrychwch, bawb,' gwaeddodd, 'rydw i'n gallu cerdded! Mae Duw wedi fy iacháu i!'

CHWILAIR

Yn y chwilair isod mae pedair rhan o'r corff roedd Iesu wedi'u hiacháu mewn gwahanol bobl. Ysgrifennwch nhw yn y blychau isod.

S	E	R	T	C	L	U	S	T	I	A	U
D	S	F	W	R	S	L	I	D	W	R	F
F	O	M	N	O	A	E	B	G	I	S	E
E	I	C	O	E	S	A	U	P	L	C	S
Y	S	B	T	N	I	LL	Y	G	A	I	D

C

Ll

C

C

GWELD Y GWYRTHIAU

Pa lun sy'n darlunio pa wyrth? Nodwch y rhif cywir ym mhob blwch.

A Iachaodd Iesu ddyn byddar.

B Iachaodd Iesu ddyn dall.

C Iachaodd Iesu ferch Jairus.

Ch Iachaodd Iesu ddeg o wahanglwyfion.

D Iachaodd Iesu ddyn cloff.

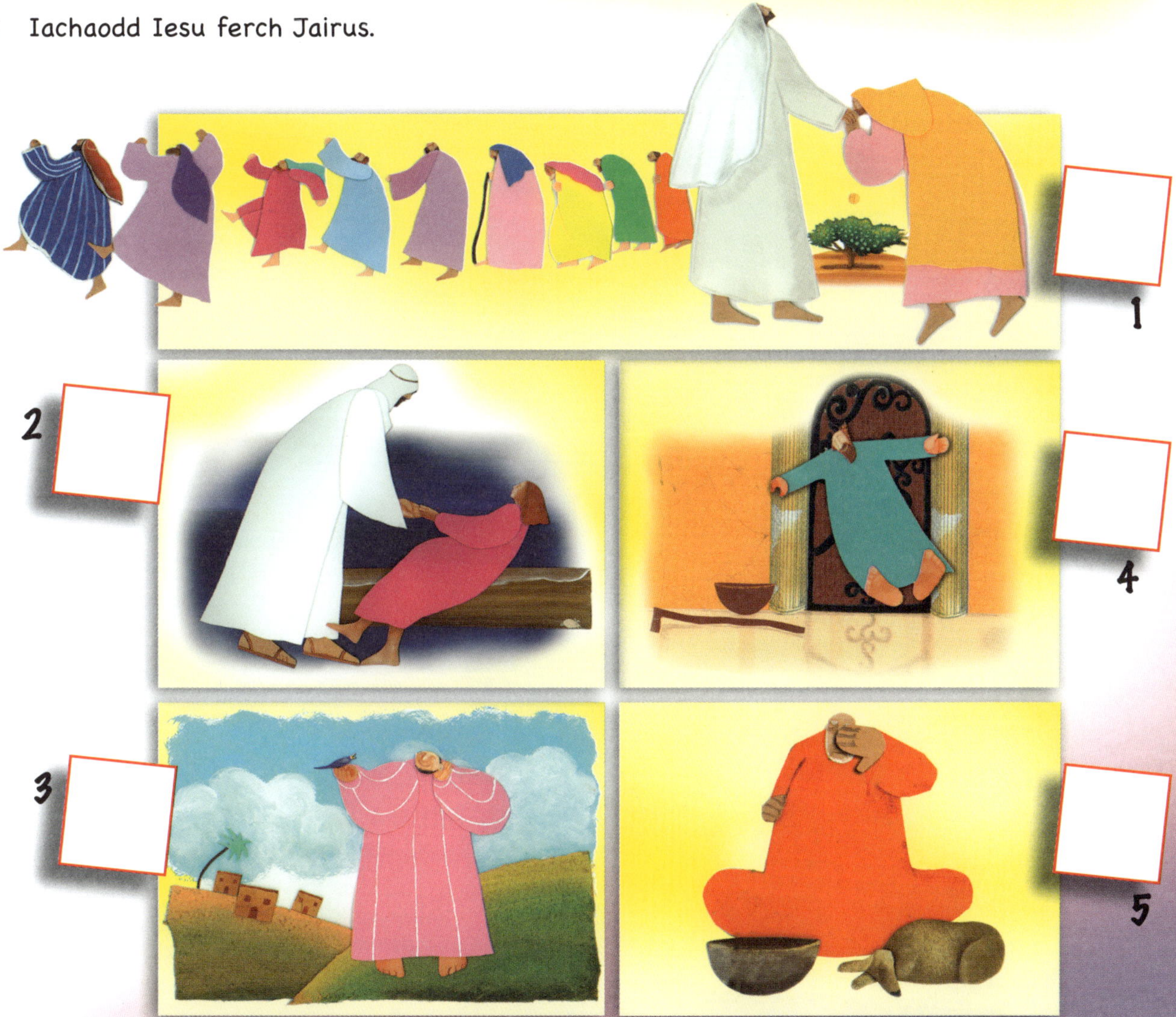

Y FFORDD I DDAMASCUS

Roedd dyn o'r enw Saul yn casáu'r Cristnogion newydd. Roedd e hyd yn oed wedi gwylio dyn da o'r enw Steffan yn cael ei ladd am ei fod yn dilyn Iesu. Nawr, roedd Saul eisiau taflu'r gweddill i mewn i'r carchar.

Ond un diwrnod, wrth deithio i Ddamascus, cafodd Saul ei ddallu'n llwyr gan olau llachar. Clywodd lais yn galw arno, 'Saul, Saul, beth wyt ti'n ei wneud?'

Er nad oedd golwg o neb, clywodd lais Iesu'n dweud, 'Saul, rwyt ti'n brifo fy ffrindiau – ac mae hynny'n fy mrifo i.'

Yn Namascus, cwrddodd Saul â dyn o'r enw Ananias. 'Mae Iesu wedi fy anfon i'th helpu di,' meddai wrth Saul. 'Gallaf roi dy olwg yn ôl i ti.' Yna, cafodd Saul ei fedyddio a derbyn yr Ysbryd Glân.

Erbyn hyn roedd e'n berson cwbl wahanol, a dechreuodd pobl ei alw'n Paul. Ond roedd yr arweinwyr crefyddol yn ei gasáu. 'Rhaid i ni ei ladd,' medden nhw.

Adeiladodd ffrindiau Paul fasged fawr er mwyn iddo ddianc dros waliau'r ddinas, cyn i'w elynion gael gafael ynddo.

PA ENW?

1 Roedd Saul yn berson cwbl wahanol ar ôl iddo gwrdd â Iesu. Rhoddodd pobl enw arall iddo, hyd yn oed. Pa un o'r isod sy'n gywir? Ticiwch y blwch.

Saul

- Jacob ☐
- Paul ☐
- Marc ☐

2 Roedd Iesu'n cael ei alw wrth sawl enw gwahanol. Ticiwch y blychau sy'n dangos yr enwau cywir.

Iesu

- Arglwydd ☐
- Ioan ☐
- Ananias ☐
- Crist ☐

PWY DDYWEDODD HYN?

'Rwyt ti'n brifo fy ffrindiau
- ac mae hynny'n fy mrifo i.'

PA FFORDD?

Pa ffordd sy'n mynd i Ddamascus? Dilynwch y llinell goch, a rhoi A, B neu C yn y blwch.

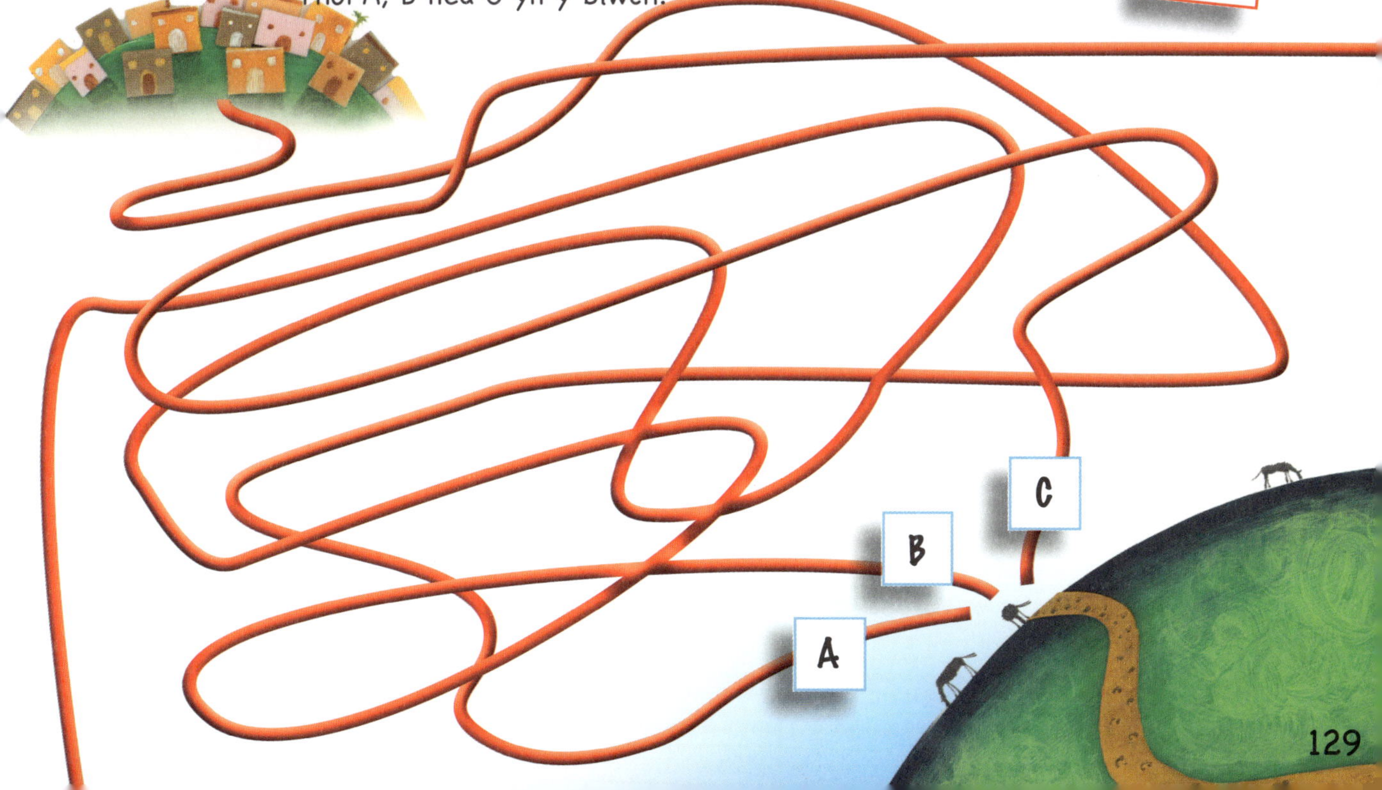

Y DYN YN Y CERBYD RHYFEL

Roedd yr Ysbryd Glân hefyd wedi trawsnewid bywyd dyn o'r enw Philip.

'Dos i Gasa,' meddai llais wrtho. 'Yno, byddi di'n gweld dyn mewn cerbyd rhyfel. Bydd arno e angen dy help.'

Roedd y dyn yn y cerbyd rhyfel yn darllen sgrôl. Aeth Philip ato i'w helpu i ddeall y geiriau, oedd yn dweud bod Iesu wedi cael ei groeshoelio a'i godi o farw'n fyw trwy wyrth. 'Nawr,' meddai Philip, 'mae ffrindiau Iesu wedi cael maddeuant Duw am yr holl bethau drwg wnaethon nhw.'

'Fedri di fy medyddio i?' gofynnodd y dyn. 'Fe hoffwn innau fod yn Gristion.'

Felly bedyddiodd Philip e mewn nant gyfagos. Aeth y dyn yn ôl i'w gartref yn Ethiopia, a dweud wrth bawb yno am Iesu.

O BLE?

O ble roedd y dyn yn y cerbyd rhyfel yn dod? Ticiwch yr ateb cywir.

- 1 Affrica ☐
- 2 De America ☐
- 3 Gogledd America ☐
- 4 Awstralia ☐
- 5 Ewrop ☐
- 6 Asia ☐

DATRYS Y COD

Defnyddiwch y cod i ysgrifennu'r tair neges isod yn llawn.

● = a   * = e   ♦ = i   ♠ = o   + = y

1 D♠s ♦ G●s● ● d♠d ♠ h+d ♦ dd+n s+dd ●ng*n d+ h*lp.

2 M●* I*su w*d♦ c♠d♦ ♠ f●rw'n f+w.

3 G●ll♦ d♦ dd*rb+n m●dd*u●nt Duw.

BREUDDWYD RHYFEDD PEDR

Un diwrnod aeth Pedr i gartref Cornelius, oedd yn gapten yn y fyddin Rufeinig.

Roedd Pedr wedi cael gweledigaeth – math o freuddwyd rhyfedd. Gwelodd blanced fawr yn cael ei gostwng o'i flaen, a honno'n llawn anifeiliaid o bob lliw a llun. Clywodd lais Duw yn dweud wrtho am fwyta. Ond doedd pobl Dduw ddim i fod i fwyta rhai o'r anifeiliaid hyn.

'Mae popeth yn iawn,' dywedodd y llais. 'Mae Duw wedi eu gwneud yn dda.'

Ar y dechrau, doedd Pedr ddim yn deall y freuddwyd. Ond yn fuan sylweddolodd fod Duw'n dweud wrtho bod croeso i bawb yn nheulu Duw – hyd yn oed os nad oedden nhw'n Iddewon.

Felly, pan ofynnodd Cornelius a gâi e gwrdd â Pedr, cytunodd yntau ar unwaith. Soniodd wrtho am Iesu, a chafodd Cornelius a'i deulu eu bedyddio'n Gristnogion.

PARAU

Tynnwch linellau i gysylltu parau o anifeiliaid â'i gilydd. Sawl pâr welwch chi? Rhowch y rhif yn y blwch.

A NEU B?

Pa rai o'r darnau jig-so isod sy'n perthyn i ddarlun A, a pha rai i ddarlun B? Ysgrifennwch A neu B yn y blychau.

1

2

3

4

A

B

GWEDDÏO DROS PEDR

Peth peryglus oedd bod yn Gristion yn y dyddiau cynnar. Roedd Iago, un o'r disgyblion cyntaf, wedi cael ei lofruddio, a nawr roedd Pedr wedi'i garcharu.

Roedd y Brenin Herod yn bwriadu trefnu achos cyhoeddus er mwyn rhybuddio pobl eraill rhag bod yn Gristnogion. Rhoddwyd Pedr mewn cadwynau rhwng dau filwr yn y carchar.

'O Dduw, wnei di helpu Pedr?' gweddïodd ei ffrindiau. Atebwyd eu gweddïau.

'Deffra!' meddai angel y tu mewn i gell Pedr. 'Gwisga dy sgidiau, a lapio dy glogyn amdanat.'

Teimlodd Pedr y cadwyni'n cwympo oddi ar ei arddyrnau, a gweld drysau'n agor a chau'n wyrthiol! Roedd y milwyr yn dal i gysgu'n sownd wrth i Pedr ddilyn yr angel allan i'r stryd.

Clywodd ei ffrindiau sŵn curo ar ddrws eu cartref, ac aeth Rhoda i'w agor. Dyna sioc gafodd hi wrth weld Pedr yn sefyll yno! Roedd Duw wedi ei adael yn rhydd, a'i anfon yn ôl yn ddiogel at ei ffrindiau.

ANGYLION

Pa angel bach sydd yr un fath yn union â'r angel mawr? Rhowch y llythyren gywir yn y blwch.

A B C

Y LLWYBR CYWIR

Helpwch Pedr i ddilyn yr angel allan o'r carchar.

LLYGOD!

Roedd cell Pedr yn llawn o lygod! Sawl un welwch chi? Nodwch y rhif yn y blwch.

STORM A LLONGDDRYLLIAD

Teithiodd Paul i nifer o wledydd gwahanol, gan ddweud wrth bawb am Iesu er mwyn iddyn nhw hefyd ddod i'w adnabod. Câi groeso cynnes mewn rhai mannau, ac eglwysi'n cael eu ffurfio; mewn mannau eraill roedd pobl yn ymosod arno, neu'n ei garcharu.

Yn y diwedd, cafodd Paul ei anfon i Rufain i sefyll ei brawf yno. Tra oedd e'n hwylio i Rufain, cododd storm ofnadwy ar y môr. Ond gofalodd Duw fod pawb oedd ar fwrdd y llong yn ddiogel.

Glaniodd Paul ar ynys Melita, ac arhosodd yno am dri mis gan iacháu pobl a dweud wrthyn nhw am Iesu.

Er i Paul gael ei arestio yn Rhufain roedd yn dal i allu ysgrifennu llythyrau at yr eglwysi newydd, gan atgoffa pawb i ofalu am ei gilydd.

Dyddiau cynnar yr eglwys Gristnogol oedd y rhain. Yn fuan, byddai Cristnogaeth yn lledu i bob gwlad dan haul.

BANER

Daeth pobl o bob gwlad yn y byd yn Gristnogion. Tynnwch lun o faner eich gwlad chi yma.

GWELD Y GWAHANIAETH

Rhowch gylch o gwmpas y pum peth sy'n wahanol rhwng y ddau lun.

GEIRIAU STORMUS

Beth fyddech chi'n debygol o'i weld mewn storm? Aildrefnwch y llythrennau isod i ffurfio pedwar peth a geir mewn storm.

1 YGWNT

2 WAGL

3 GYDdOFILl

4 RISACE

ATEBION

6-7 GWYRTH YN Y DEML

COLLI A CHAEL
1. ei lais. **2.** babi.

SAWL ENW?
Pump: Pedr; Ioan; Luc; Efa; Paul

E	M	P	E	D	R	W	C
F	N	A	S	I	O	A	N
A	E	U	R	M	M	T	L
S	N	L	U	C	E	H	S

ENW'R BABI
Ioan

PA DEML?
A

8-9 MAIR A'R ANGEL

POS
A 9; **B** 10; **C** 5; **Ch** 8; **D** 4; **Dd** 2; **E** 3; **F** 6; **Ff** 1; **G** 7

10-11 MAIR AC ELISABETH

PA FFORDD?
A

CYSYLLTU DAU
1 Ch; **2** C; **3** B; **4** A

SWYDDI
1 Bugail; **2** Milwr; **3** Brenin; **4** Offeiriad

12-13 BREUDDWYD JOSEFF

CYSGODION
1 B; **2** Ch; **3** D; **4** A; **5** C

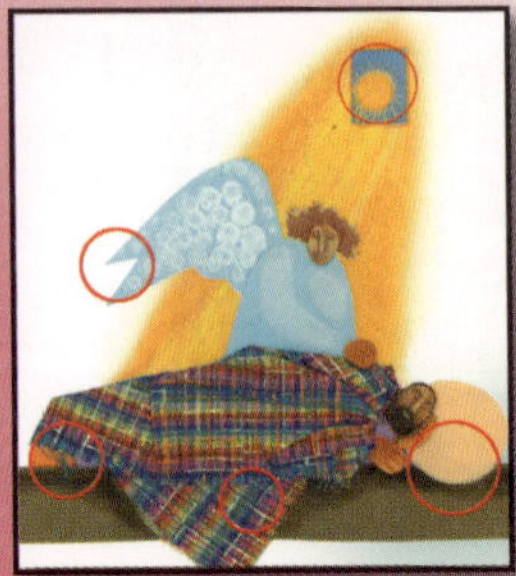

CWSG: 8 awr

14-15 Y CYFRIFIAD RHUFEINIG

GWELD Y GWAHANIAETH

LLYTHRENNAU COLL
1 E; **2** A; **3** Ff; **4** A; **5** S

SAWL UN?
a 3; **b** 1; **c** 5; **ch** 3

16-17 DIM LLE YN Y LLETY

CYWIR NEU ANGHYWIR?
1 ×; **2** ✓; **3** ×; **4** ✓; **5** ×

18-19 AWYR LLAWN SÊR

CYFATEB Y SIAPIAU
Preseb B; Asyn C

S	M	J	O	S	E	FF	U
I	A	D	U	F	S	M	P
M	T	P	B	R	L	A	O
E	T	L	I	E	S	U	H
Y	U	P	T	D	G	L	W

ADNABOD YR ENWAU
1 Iesu **2** Joseff

20-21 BUGEILIAID AR Y MYNYDD

GWIR NEU GAU?
1 ×; 2 ✓; 3 ×; 4 ✓

22-23 Y BABI YN Y PRESEB

DATRYS Y COD
1 Brysiodd y bugeiliaid i Fethlehem.
2 Roedd y babi yn gorwedd yn y preseb.
3 Y bugeiliaid oedd y cyntaf i weld Iesu.

24-25 SIMEON YN CWRDD Â IESU

CYSYLLTU
a – 4; b – 1; c – 2; ch – 3

Y GEIRIAU COLL
1 farw'n dawel; **2** Iesu; **3** achub

26-27 SEREN DDISGLAIR

CWIS
1 o'r Dwyrain; **2** ar gamelod; **3** seren newydd, ddisglair; **4** brenin

GWELD Y GWAHANIAETH

28-29 Y BRENIN YN Y PALAS

EIDDO'R BRENIN
1 gorsedd; **2** palas; **3** coron

PA FFORDD? B

LLUNIO CORON

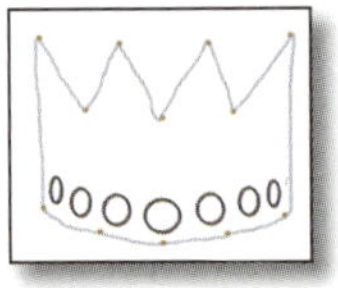

30-31 Y TRI GŴR DOETH

PA FFORDD?
1 gorllewin; **2** dwyrain; **3** de

32–33 BREUDDWYD CAS

LLENWI BYLCHAU
1 bugeiliaid; **2** Dwyrain; **3** Herod; **4** Joseff; **5** preseb; **6** babi; **7** cyfrifiad; **8** angylion; **9** seren

34–35 FFOI I'R AIFFT
PWY FREUDDWYDIODD BETH?
a 2; **b** 3; **c** 4; **ch** 1

BETH SYDD AR GOLL?

36–37 ALLTUDION YN YR AIFFT

I BLE'R AETH PAWB?
1 B; **2** C; **3** B

RHOI PENNAWD I'R LLUNIAU
1 Moses; **2** Joseff; **3** Joseff; **4** Abraham a Sara

38–39 YMGARTREFU YN NASARETH

PA FFORDD?

40–41 COLLI A CHAEL
CHWILIO AM IESU

42–43 IOAN FEDYDDIWR

BETH DDYWEDODD IOAN?
1 ✓; **2** ✓; **3** ×; **4** ×

BETH OEDD E'N EI FWYTA?
locustiaid

44–45 BEDYDDIO IESU

CWBLHAU'R BRAWDDEGAU
1 ch; **2** d; **3** b; **4** a; **5** c

CYWIR NEU ANGHYWIR?
1 ✓; **2** ✓; **3** ×

46–47 IESU YN YR ANIALWCH

PWY YDY HON?
1 Efa; **2** Adda

Y GAIR COLL
1 fara; **2** mab; **3** i, weli

48–49 FFRINDIAU IESU

BETH DDIGWYDDODD NESAF?
2 ✓

DARNAU O'R POS
Llun A: 1, 3, 7, 8
Llun B: 2, 4, 5, 6

PWY DDALIODD BETH?
A esgid; **B** bwced; **C** pysgodyn

50–51 GWNEUD FFRINDIAU

CYWIR NEU ANGHYWIR?
1 ✓; 2 ×; 3 ✓; 4 ×

PA UN SY'N WAHANOL?
Pysgotwyr oedd Pedr, Iago, Philip, Ioan ac Andreas. Yr un gwahanol ydy Mathew, y casglwr trethi

DARNAU O'R POS
A 4; **B** 5; **C** 2; **Ch** 1; **D** 3

FFRINDIAU IESU
1 12; **2** Thomas

52–53 GWAHODDIAD I BRIODAS

GWESTEION Y BRIODAS
1 B; **2** D; **3** Ff; **4** F; **5** C; **6** E

BETH DDIGWYDDODD YMHLE?
1 ch; **2** c; **3** d; **4** a; **5** dd; **6** b

54–55 TYRFA'N DOD I WRANDO

A	O	F	A	T	E	L	E	E	C	H	L	A	E	C
S	M	O	M	R	T	A	A	R	E	A	D	S	Y	I
P	E	D	W	A	R	T	W	S	R	H	B	D	N	O
O	T	E	R	E	M	A	Y	T	DD	B	E	U	Y	D
L	H	U	Y	T	I	R	L	N	E	C	D	L	T	F
D	A	L	P	E	D	R	T	N	D	R	P	S	O	C
L	T	M	N	R	H	S	I	P	S	O	F	T	F	R

1 Pedr; **2** pedwar; **3** yn y to; **4** cerdded

'RUN FATH YN UNION
A

56–57 EISTEDD AR OCHR Y BRYN

GEIRIAU IESU
1 phoeni am bethau dibwys
2 gelynion

CWBLHAU'R BRAWDDEGAU
1 c; **2** ch; **3** d; **4** b; **5** a

RHAGOR O EIRIAU IESU
1 yn nwylo Duw; **2** sy'n eich brifo

58–59 AMSER I WEDDÏO

CWBLHAU'R WEDDI
1 enw; **2** ewyllys; **3** bara beunyddiol; **4** maddeuwn; **5** brofedigaeth; **6** nerth; **7** Amen

60–61 FFRIND YNG NGHAPERNAUM

GWELD Y GWAHANIAETH

DEWIS Y DARN
A A3; **B** B2; **C** C1

62–63 STORM SYDYN

BETH DDIGWYDDODD NESAF?
4

PWY SYDD YN Y CWCH?
1 ×; **2** ✓; **3** ✓; **4** ×; **5** ✓; **6** ×

SAWL PYSGODYN?
1 ✓; **2** ×; **3** ×; **4** ✓

64–65 TAD PRYDERUS

DRYSFA

66–67 PICNIC AR LAN Y LLYN

CYFATEB Y BASGEDI
A 5; **B** 12; **C** 1; **Ch** 8; **D** 4; **Dd** 3; **E** 10; **F** 2; **Ff** 9; **G** 7; **Ng** 11; **H** 6

SAWL BASGED?
1 11; **2** 3

CWIS RHIFAU
1 12; **2** 5; **3** 2; **4** 12; **5** 31

DATRYS Y DISGYBLION
1 Philip; **2** Andreas

68–69 MORDAITH GANOL NOS

GWELD Y GWAHANIAETH

CHWILAIR

A	O	T	L	Y	E	L	A	E	N	P	E	W	B	S
H	E	L	P	A	F	I	M	I	E	E	W	R	E	D
G	F	O	G	A	L	I	L	E	A	D	S	R	D	U
O	T	N	M	T	E	P	R	S	H	R	L	P	P	L
C	A	N	O	L	N	O	S	U	S	R	E	L	F	O
D	A	U	R	A	T	L	I	S	U	A	T	D	A	S

1 Galilea; **2** Iesu; **3** Pedr; **4** Canol nos; **5** Helpa fi

70–71 BYD HEB GÂN YR ADAR

PA ADERYN?
1 robin; **2** gwylan; **3** parot

SYNAU
Soch: mochyn; Mw: buwch

GWYRTHIAU
1 win; **2** cerdded; **3** was; **4** storm; **5** bysgodyn; **6** dŵr

72–73 AMSER STORI

GEIRIAU ANGHYWIR

'Ceisiwch fod fel y dyn doeth a adeiladodd ei dŷ ar goeden. Roedd yn waith caled dros amser maith, ond pan ddaeth y teigr roedd y dyn yn glyd a diogel y tu mewn.

'Peidiwch â bod fel y dyn ffôl! Doedd e ddim yn hoffi gwaith di-dâl, felly adeiladodd ei dŷ ar jeli oherwydd bod hynny'n haws. Ond pan ddaeth y storm, chwalodd y trên o'i gwmpas a chafodd ei chwythu i ffwrdd.'

CYWIR NEU ANGHYWIR?
Cywir: 2, 3, 5, 6, 8

74–75 COLLI A CHAEL

BETH DDIGWYDDODD NESAF?
1 ×; **2** ×; **3** ×; **4** ✓; **5** ×

Y DDAFAD GOLLEDIG

76–77 Y CYMYDOG DA

AILDREFNU'R LLYTHRENNAU
Offeiriad

DRYSFA

CWBLHAU'R BRAWDDEGAU
1 b; **2** c; **3** ch; **4** a

78–79 COFIWCH DDWEUD 'DIOLCH'

PWY YDY PWY?
A 3; **B** 8; **C** 7; **Ch** 9; **D** 5; **Dd** 4; **E** 10; **F** 6; **Ff** 1 **G** 2

YR ATEB CYWIR
1 C; **2** B; **3** A; **4** C

80–81 **MYND I ANGLADD**

CYFATEB Y SIAPIAU
b; ch; dd

CHWILAIR

A	H	M	A	S	E	W	Y
M	A	I	R	B	T	S	M
G	T	R	E	R	T	C	A
O	F	P	E	D	W	A	R
L	O	P	C	S	N	H	TH
D	N	F	M	E	P	B	A
F	U	O	R	M	C	E	W
O	U	R	P	A	M	R	T
M	L	A	S	A	R	U	S
F	M	E	L	I	Y	L	C
T	A	Y	A	E	B	D	U

1 Lasarus; **2** Martha; **3** Mair; **4** Pedwar

82–83 **MWYNHAU CWMNI'R PLANT**

PWY OEDD PWY?
1 B; **2** A; **3** A; **4** A; **5** A

PA BLENTYN?
1 Jacob; **2** Samuel;
3 Moses; **4** Cain
5 Joseff; **6** Isaac

84–85 **YDY ARIAN YN BETH DA?**

CYFRI'R ARIAN
1 19; **2** c; **3** a

AILDREFNU'R LLYTHRENNAU
1 farus; **2** eraill

86–87 **Y DYN DALL**

SILWÉT
Ch

CHWILAIR

A	H	T	U	R	B	D
E	A	C	S	T	A	Y
G	P	C	E	N	R	S
O	W	A	N	N	T	F
I	T	R	A	P	I	A
E	R	D	Y	N	M	S
S	E	O	L	R	E	D
U	E	T	R	C	U	B
S	Y	A	I	A	S	E
F	A	R	E	B	O	T
J	E	R	I	C	H	O

1 Jericho; **2** cardota; **3** Iesu; **4** Bartimeus

SYNAU
1 gwenynen yn sïo; **2** dyn yn siarad; **3** ci'n cyfarth; **4** drymiau'n taro; **5** peiriant jet yn rhuo

88–89 **CUDDIO MEWN COEDEN**

BETH SY'N CUDDIO YN Y GOEDEN?
cath; broga; llygoden; iâr; aderyn; ceiliog y rhedyn

DARNAU O'R POS
1 C; **2** B; **3** A

CWBLHAU'R BRAWDDEGAU
1 d; **2** dd; **3** f; **4** ch; **5** e; **6** c; **7** a; **8** b

90–91 **SUT I YMDDWYN**

BOD YN GAREDIG
1 bwyd; **2** ysbyty

DATRYS Y COD
1 Cerwch eich gelynion.
2 Cofiwch fod yn garedig.
3 Rhowch yn hael.
4 Maddeuwch i bobl.

92–93 **ANRHEG ARBENNIG**

PWY DDAETH AG ANRHEGION?
Y tri gŵr doeth o'r Dwyrain

ADNABOD YR ARIAN
B

PWY WNAETH BETH?
Martha: 1, 2; **Mair:** 6, 3; **Lasarus:** 8, 7; **Jwdas:** 5, 4

BLE?
1 Cana; **2** Galilea; **3** Jerwsalem; **4** Bethania

94–95 **PWY YDY IESU?**

GWELD Y GWAHANIAETH

CHWILAIR

N	O	P	A	S	Y	N	A
Y	N	Y	S	A	P	T	S
S	R	B	Y	C	U	P	Y
A	S	Y	N	M	N	H	N

6

GWYRTHIAU
1 dyn dall; **2** 5,000; **3** o wahanglwyfion

96–97 **ANHREFN LLWYR YN Y DEML**

CHWILAIR

P	D	D	C	R	D	I	E	S	U	P	E
Y	S	A	B	E	R	TH	U	D	E	A	W
A	F	I	T	E	M	L	E	W	Y	U	P
R	E	D	E	T	C	G	W	E	DD	Ï	O

Iesu; aberthu; teml; gweddïo

SAWL DISGYBL?
12

98–99 **IESU A'I FFRINDIAU**

PA FFRWYTH?
1 oren; **2** afal; **3** grawnwin

SAWL UN?
a 5; **b** 3 **c** 5; **ch** 4

100–101 **Y SWPER OLAF**

BLE MAE'R ARIAN?

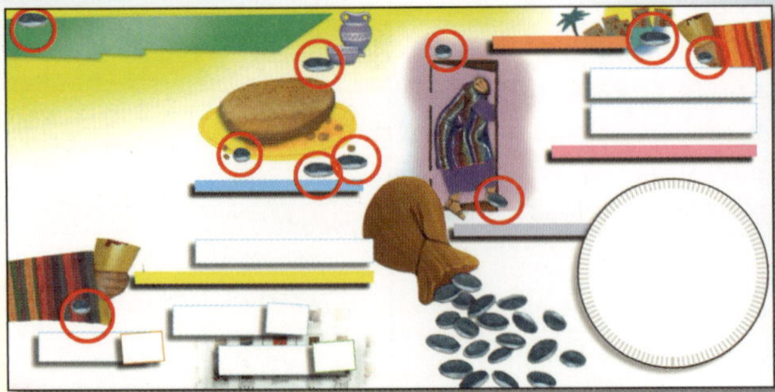

CWBLHAU'R GEIRIAU
bara; gwin

CYWIR NEU ANGHYWIR?
1 anghywir; **2** cywir; **3** anghywir

AILDREFNU'R LLYTHRENNAU
1 Jwdas; **2** Pedr

102–103 **IESU'N GWEDDÏO YN YR ARDD**

SAWL UN?
1 9; **2** 2; **3** 6; **4** 3

LLYTHYREN AR GOLL
a

CYWIR NEU ANGHYWIR?
1 ✓; 2 ✗; 3 ✓

104–105 **JWDAS YN BRADYCHU IESU**

CWIS **1** pastwn neu gleddyf; **2** ei gusanu; **3** rhedeg i ffwrdd

GWELD Y GWAHANIAETH

JIG-SO
1 B; **2** Ch; **3** A; **4** C; **5** D

106–107 **PEDR YN GWADU IESU**

OEDD NEU NAC OEDD?
1 oedd; **2** nac oedd; **3** nac oedd

COLLI LLAIS
C

SAWL GWAITH?
3

108–109 **Y DYRFA FLIN**

CYWIR NEU ANGHYWIR?
1 cywir; **2** anghywir; **3** cywir

PWY OEDD PWY?
a 3; **b** 1; **c** 4; **ch** 2

110–111 **IESU'N MARW AR Y GROES**

PWY OEDD PWY?
Mair; Ioan

DILYN Y DOTIAU

CHWILAIR

M	H	A	E	G	N	F
A	O	P	D	M	T	H
G	CH	T	W	S	R	U
H	R	E	Y	O	A	I
P	E	B	L	W	E	O
E	B	T	O	N	D	P

ochr; dwylo; traed

GWELD Y GWAHANIAETH
1 a 4

112–113 **CLADDU IESU**

CHWILAIR YR ANIFEILIAID

C	W	T	N	B
I	L	D	M	E
T	A	B	S	N
O	T	R	W	E
N	E	O	M	I
F	R	G	C	D
P	D	A	O	R

1 ci; **2** broga; **3** neidr

CREADURIAID
1 pili-pala ac aderyn.
2 broga a cheiliog y rhedyn

114–115 **BORE'R PASG CYNTAF**

CHWILAIR

A	S	O	R	B	R	I	A	LL	U	I	L	T	W	RH
S	Y	I	E	G	B	U	D	E	T	R	I	S	P	O
D	O	T	D	H	U	G	R	C	T	U	L	M	O	S
I	L	A	F	A	N	T	O	T	C	M	I	C	S	Y
S	O	T	R	U	C	L	I	P	I	N	G	W	A	N

briallu; lili; rhosyn; lafant

116–117 **MAE IESU'N FYW!**

PA FFORDD?
A

CWIS
1 2; **2** Jerwsalem; **3** byddai pobl yn cael maddeuant; **4** Iesu

118–119 Y DISGYBLION YN CWRDD Â IESU

CWIS
1 5; **2** Thomas; **3** Thomas a Jwdas

GWELD Y GWAHANIAETH

CYFATEB Y SIAPIAU
1, 3, 6, 7

120–121 BRECWAST GYDA IESU

CWIS
bara; pysgod

SAWL PYSGODYN?
9

PWY DDALIODD Y PYSGODYN?
A y pysgodyn; **B** yr esgid; **C** y bwced

122–123 IESU'N CODI I'R NEFOEDD

CWBLHAU'R BRAWDDEGAU
1 d; **2** c; **3** b; **4** a; **5** ch

LLENWI'R BYLCHAU
1 C; **2** G; **3** Ch; **4** Dd; **5** B

124–125 YR YSBRYD GLÂN

DISGRIFIO
gwynt a thân

CYFATEB Y SIAPIAU
1 C; **2** B; **3** A; **4** Dd; **5** Ch; **6** D

PA ADERYN?
colomen

126–127 Y GALLU I IACHÁU

CHWILAIR

S E R T C L U S T I A U
D S F W R S L I D W R F
F O M N O A E B G I S E
E I C O E S A U P L C S
Y S B T N I LL Y G A I D

clustiau; croen, coesau; llygaid

GWELD Y GWYRTHIAU
1 Ch; **2** C; **3** A; **4** D; **5** B

128–129 Y FFORDD I DDAMASCUS

PA ENW?
1 Paul **2** Arglwydd **3** Crist

PWY DDYWEDODD HYN?
Iesu

PA FFORDD?
A

130–131 Y DYN YN Y CERBYD RHYFEL

O BLE?
Affrica

DATRYS Y COD
1 Dos i Gasa a dod o hyd i ddyn sydd angen dy help.
2 Mae Iesu wedi codi o farw'n fyw.
3 Galli di dderbyn maddeuant Duw.

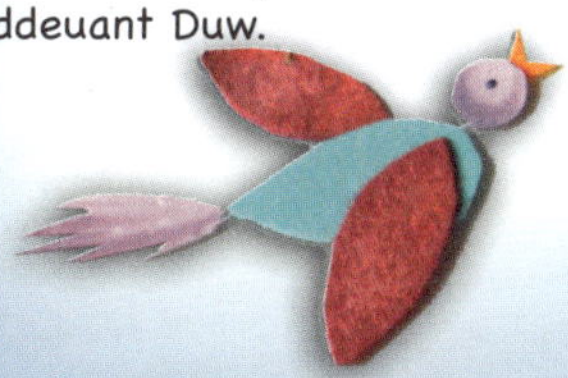

132–133 BREUDDWYD RHYFEDD PEDR

PARAU
5

A NEU B?
1 B; **2** B; **3** A; **4** A

134–135 GWEDDÏO DROS PEDR

ANGYLION
A

LLYGOD!
7

Y LLWYBR CYWIR

136–137 STORM A LLONGYDDRYLLIAD

GWELD Y GWAHANIAETH

GEIRIAU STORMUS
1 gwynt; **2** glaw; **3** llifogydd; **4** cesair

Argraffiad Cyntaf 2015

Tîm Golygyddol:
Annette Reynolds, Gerald Rogers,
Krystyna Hewitt, John Laister.

Addasiad Cymraeg: Eleri Huws
Golygydd Cyffredinol: Aled Davies
Cysodi: Rhys Llwyd

Argraffwyd yn Tsieina

Cyhoeddwyd gan: Cyhoeddiadau'r Gair
Ael y Bryn, Chwilog, Pwllheli, Gwynedd. LL53 6SH.